BRENDOW VERLAG

Erich Läufer

Spurensuche im Lande Jesu

Biblische Betrachtungen

BRENDOW VERLAG

CIP-Kurztitelaufnahme der Deutschen Bibliothek

Läufer, Erich:
Spurensuche im Lande Jesu : bibl. Betrachtungen /
Erich Läufer. — Moers : Brendow, 1983.
(Edition C : Paperback ; C 84)
ISBN 3-87067-189-0

NE: Edition C / Paperback

ISBN 3 87067 189 0
Edition C — Paperback C 84
1. Auflage Januar 1983
2. Auflage Mai 1983

Umschlaggestaltung: Gerd Pels
Titelfoto: Peter Mosig
Zeichnungen: Erich Läufer
Printed in Germany

Die Bibeltexte haben wir mit freundlicher Genehmigung
des Kath. Bibelwerkes Stuttgart, der Einheitsübersetzung
entnommen.

Inhalt

VORWORT

Das Land Jesu ist für Christen mehr als eine Ansammlung archäologischer Stätten oder kontrastreicher Landschaften, denn alles in diesem Land spricht von Gott, und er spricht durch dieses Land. ,,Israel ist das zweite Vaterland jedes Christen'', hörte ich bei einem abendlichen Vortrag in Jerusalem. Diejenigen, die seinen Namen tragen wollen, müssen beständig auf den Boden des Evangeliums zurück, um dort, wie auf fruchtbarem Ackerboden, reiche Ernte für den Hunger der Herzen einzubringen.

Im Heiligen Land kann alles Botschaften enthalten: Berge und Wüsten, Weinberge und Brunnen, Bettler und Kinder. Das steinige Israel ist voll herber, schöner Bilder. Hier verkündete Jesus die frohe Botschaft, deren Spuren vom Staub der Jahrhunderte nicht zugeweht wurden. Sie blieben Wegzeichen für uns Menschen.

Aber nicht jeder Weg führt zum Ziel. Wir müssen erst die Spuren finden, denen wir uns anvertrauen können. Gesucht sind die Fußspuren dessen, der von sich sagte: ,,Ich bin der Weg.'' Die Schauplätze biblischer Ereignisse, denen man in Israel auf Schritt und Tritt begegnet, können bei dieser Spurensuche helfen. Wer nicht nur die Augen, sondern auch das Herz öffnet, hat im Land des Evangeliums den Heiligen Franz aus Assisi zum Weggefährten: ,,Brüder, laßt uns in den Spuren Jesu gehen.''

1. BETLEHEM

oder: Der menschenfreundliche Gott

„. . . Du, Betlehem im Gebiet von Juda, bist keineswegs die unbedeutendste unter den führenden Städten von Juda; denn aus dir wird ein Fürst hervorgehen, der Hirt meines Volkes Israel . . .“ Mt 2, 6

Ein besonderes Geschenk des Heiligen Landes ist das Erlebnis, daß dort das Menschliche der Person Jesu in fast beklemmender Weise dem Reisenden ins Bewußtsein kommt. Mancher Besucher der Heiligen Stätten erschauert vielleicht zum erstenmal in seinem Leben über die Aussage seines Glaubens, daß Gott Mensch geworden ist.

Heute berühren sich die Außenbezirke von Jerusalem fast mit dem Stadtrand von Betlehem, jener arabischen Kleinstadt auf einem Bergrücken der Wüste Juda. Inmitten von fruchtbaren Bergmulden und Hängen ducken sich die weißen Häuser des Ortes wie eine Herde Schafe an die grauen und braunen Berge. Nach der Regenzeit grünt es auf den Feldern und Steppen, und die prangende Fruchtbarkeit könnte erklären, wie der Name entstanden ist: Betlehem — „Haus des Brotes“. Hier waren die Felder, auf denen Ruth Ähren sammelte und Gnade vor den Augen Boas fand. David wurde in dieser Stadt geboren, die auch schon früh befestigt war. Aber er machte Betlehem nicht zur Hauptstadt seines Reiches.

In den alten Stadtteilen Betlehems hat sich das Leben früherer Generationen erhalten. Frauen holen immer noch in Tonkrügen das Wasser von den Brunnen, die bereits David gemeint haben könnte mit seinem Ausruf: „Wer will mir das Wasser holen aus dem Brunnen am Tor von Betlehem?“ (2. Sam. 23, 15). In den Straßen und Gassen um das Zentrum quirlt geschäftiger Verkehr. Die Andenkenläden quellen über von Perlmutt- und Holzarbeiten. Schwarzhaarige Jungen bieten an den Omnibusparkplätzen Krippen an, die sie aus Olivenholz geschnitzt haben.

★

Eine alte Legende erzählt, wie zwei Mönche aus ihrem Kloster weggehen. Sie haben gehört, daß es irgendwo auf der Welt einen Platz geben soll, wo sich Himmel und Erde berühren.

Jahrelang ziehen sie nun umher, ertragen Hitze und Kälte, halten Strapazen und Mühen aus, um endlich jenen Ort zu finden, an dem Gott ganz nahe ist, weil sich dort Himmel und Erde berühren. Die Geschichte müßte eigentlich in Betlehem enden, wo im wahrsten Sinne des Wortes der Himmel auf die Erde herabstieg. In der alten Davidsstadt offenbarte sich der Herr des Alls.

Hier wurde der uralte Wunsch der Menschheit gestillt, die immer darauf gehofft hatte, daß einmal die Götter ihr unergründliches Schweigen brechen würden. Christen glauben zuversichtlich, daß der einzige Gott an diesem unscheinbaren Ort endgültig ihre Sehnsucht erfüllte. Von jetzt an ist er nicht mehr der große Unbekannte. In Jesus, der dort geboren wird, wendet er uns sein Antlitz zu. Das ist viel mehr, als Menschen je erwarten konnten. Das ist viel mehr, als wenn ein mächtiger Gott nur seine Unnahbarkeit oder sein Schweigen gebrochen hätte: In Jesus wird Gott ein Mensch unter Menschen.

Das geschah nach den Bedingungen von Raum und Zeit. Begegnungen unter Menschen ereignen sich immer nur an einem bestimmten Datum, einem feststellbaren Ort. Im luftleeren Raum, jenseits der Dimension von Ort und Zeit, ereignet sich für den Menschen nichts Faßbares. Gott unterwirft sich diesen Bedingungen und erschließt sich in der Geschichte der Menschen. Der geographische Ort war Betlehem, und zwar zur Zeit des Kaisers Augustus.

Hin und wieder beteuern Zeitgenossen in Gesprächen: ,,Natürlich glaube ich an irgend etwas Höheres.'' Und dann reden sie von Vorsehung und Schicksal, von einer höheren Macht und einem entfernten, unbekannten Wesen. Oft enden solche Unterhaltungen mit der Feststellung: ,,Aber Genaues weiß man nicht.''

Wirklich nicht?

Wenn wir darüber nachdenken, begreifen wir sehr schnell: ein Gott, von dem man nichts Genaues weiß, ein Gott, dem man nicht begegnen kann und der nicht tatsächlich und spürbar hineinwirkt in das Leben der Menschen, der ist eigentlich ein überflüssiger Gott.

Auf ein übermächtiges Wesen, das namenlos irgendwo im All existiert, doch mit der Erde und den Menschen keine Beziehungen hat, können wir uns nicht verlassen.

,,Ich glaube an irgend etwas Höheres'', könnte am Ende nur die verlegene Ausrede dafür sein, daß man überhaupt nicht mit Gott rechnet.

Betlehem ist Hinweis dafür, daß Christen ihrem Gott vertrauen, der Beziehungen zu Menschen will. In Jesus wird er ein Mensch, damit wir ihn besser verstehen können. Wir sind eingeladen, das Leben in einem lebendigen Gott zu gründen.

Der Schöpfer und Herr des Menschen begegnet seinem Geschöpf auf menschliche Weise.

Geburtskirche in Betlehem

2. GEBURTSKIRCHE

oder: Warum man sich klein machen muß

„... Als sie dort waren, kam für Maria die Zeit ihrer Niederkunft, und sie gebar ihren Sohn, den Erstgeborenen. Sie wickelte ihn in Windeln und legte ihn in eine Krippe, weil in der Herberge kein Platz für sie war ..." Lk 2, 6. 7

Die Kirche, in der am längsten ununterbrochen Gottesdienst gefeiert wird, müßte im „Buch der Rekorde" einen Ehrenplatz einnehmen. Von Betlehem ist die Rede. Mitten in der Stadt am Krippenplatz liegt die Geburtskirche. Die christliche Frömmigkeit erklärt die Grotte, die heute unter jenem mächtigen Bau ruht, der eher einer grauen Festung gleicht, zum Geburtsort Jesu. Für die Kaiserinmutter Helena war das Grund genug, darüber ein prächtiges Gotteshaus zu errichten. Nachdem Feuer diese Kirche zerstört hatte, baute der Kaiser Justinian sie wieder auf. Seine schöne, fünfschiffige Kirche wurde weder durch die Perser noch durch die Muslime zerstört. Wohl stritten sich die Christen über lange Zeit um Besitzansprüche. Nachdem die Orthodoxen den Lateinern einmal den goldenen Stern gestohlen hatten, der an der Stelle der Geburt Jesu in den Boden eingelassen war, mußte der Platz der Krippe des Friedenskindes sogar zum Vorwand für Haß und unwürdigen Streit herhalten.

Das Herz der Geburtskirche ist die Geburtsgrotte. Sie liegt unter dem Chorraum, der mit silbernen Ampeln und goldenen Ikonen geschmückt ist. Nur an ganz wenigen Stellen erinnert der nackte Fels an die Armut der biblischen Zeit.

Die Eingänge zur Kirche sind in der langen Geschichte vielfach verändert worden. Draußen kann man noch drei Portale aus dem 6. Jahrhundert erkennen, wobei die zwei seitlichen Türen sich allerdings nur durch die Oberschwellen verraten, über die in vielen Generationen die Pilger einzogen.

Frühere Umrisse der Mitteltür sind erkennbar. Ein geborstener Bogen zeigt, daß sie von den Kreuzfahrern verkleinert wurde. Zur

Türkenzeit wurde sie noch niedriger gemacht, um Plünderer daran zu hindern, mit Karren in das Gotteshaus zu fahren.

★

Durch die gewaltigen Portale großer Dome ziehen sonst die Pilgerzüge stolz und aufrecht ein. Jedoch vor dieser Tür in Betlehem löst sich jede Gruppe und jeder Zug auf. Jeder muß für sich allein eintreten. So wird die Formgebung des Eingangs zu einem eindringlichen Gleichnis, denn genau so könnte man sich die „Pforte des Himmels" ausmalen: auch da muß jeder für sich allein eintreten.

Eingang zur Geburtskirche Betlehem

Den letzten Schritt, den Schritt vor Gottes Angesicht, müssen wir allein tun. Manchmal wird die Frage gestellt, wie viele es sind, die gerettet werden. Die Tür in Betlehem wird zum Symbol: alle werden gerettet, die bereit sind, den Schritt durch die Tür zu wagen. Gott schließt die Tür seines Reiches nicht zu, wenn eine bestimmte Zahl erreicht ist. Aber der Mensch muß sich zum Eintritt entscheiden; er wird nicht wie Treibholz im Sog von Bewegungen und Strömungen einfach an ein Ufer geschwemmt.

Noch eines ist auffallend an dieser Tür der Geburtskirche. Sie ist so klein, daß man sich tief bücken muß, um eintreten zu können. Zu einem Rabbi kam eines Tages ein Schüler und fragte ihn: ,,Früher gab es Menschen, die Gott von Angesicht zu Angesicht gesehen haben. Warum gibt es sie heute nicht mehr?'' Der weise Rabbi überlegte und sagte dann: ,,Weil sich heute die Menschen nicht mehr so tief bücken wollen.'' Allzu oft hört man die Klage, daß man Gott nicht sehen könne, daß er sich nicht zeige. In den letzten Jahren konnte man auch bei uns oft die Antwort hören, man brauche nur den Mitmenschen anzuschauen, und dann erkenne man Gott. Der weise Rabbi aber wußte mehr. Wenn wir uns tief bücken, das heißt, wenn wir uns anbetend und verehrend vor Gott verneigen, wird er uns auf eine neue, wunderbare Weise sein Angesicht zuwenden. Ein Mensch, der anbetet, gibt sich hin. Wer sich vor Gott beugt und verneigt und trotz des schnellen Fortschritts und scheinbarer Machtfülle seine Grenzen begreift, der wird ein demütiger Mensch.

Was der Rabbi seinem Schüler sagte, formulierte Thomas von Aquin auf seine Weise: ,,Demut öffnet den Blick.'' Wir alle können uns Gott anbetend ausliefern. Wer sich verneigt, wer sich beugt, weiß, wo die Höhe ist. Der gebeugte Schritt durch das Türchen in Betlehem läßt uns begreifen, daß Demut uns nicht zum Kriechen in der Welt zwingen will, sondern daß sie uns befähigt, den eigenen Standort zu bestimmen.

3. DER JORDAN

oder: Das „alternative" Leben

„. . . und Johannes zog in die Gegend am Jordan und verkündete dort überall Umkehr und Taufe zur Vergebung der Sünden . . . "
Lk 3, 3

Eines Tages beobachtete der Dichter Rainer Maria Rilke in einem Museum wunderbare Figuren der Antike. Angesichts der verstümmelten Standbilder schöner menschlicher Leiber brach es aus ihm heraus: „Du mußt dich ändern!" Zweitausend Jahre früher predigte Johannes der Täufer seinen Zuhörern die gleichen Worte: „Du mußt dich ändern!" Der rauhe Prediger am Jordan erkannte, daß mit Jesus das Reich Gottes beginnt. Also kann es nicht weitergehen wie bisher.

Man kann den ungewöhnlichen Rednerplatz des Johannes heute noch besuchen. Moderne Manager hätten ihm andere Stellen empfohlen als jenen entlegenen Platz am kläglichen Unterlauf des Jordan; Marktplätze vielleicht oder belebte Straßenkreuzungen. Hier aber ist der ehemals mächtige Fluß kaum zehn Meter breit. Die gefräßige Wüste hat sich herangemacht und, bis auf einen schmalen Uferstreifen, Pflanzen und Sträucher verschlungen. Glühend wabert die Luft über den rissigen Hügeln des Jordangrabens. Aus der bleichen Mergellandschaft bläst ein heißer Wind herüber, trocknet dir den Mund aus.

★

Mit der Parole „Du mußt dich ändern!" will der Täufer erreichen, daß sich der Mensch in seinem Denken Platz schafft für neue Einfälle, um das stumpfe, trostlose Regelwerk der Gewohnheit zu durchbrechen: das Reich Gottes steht vor der Tür.

Der Mann am Jordan wurde zum Schweigen gebracht. Er bekam die Wut jener zu spüren, die er in ihrer Selbstsicherheit aufstörte. Daran hat sich nur wenig geändert. Menschen leben wie

Ritter des Mittelalters in ihren Burgen: wir schirmen uns gegen alles ab, was wir als Bedrohung unserer vermeintlichen Sicherheit und Freiheiten empfinden und was uns verändern will. Umkehren fällt uns nicht leicht. Trotzdem ist der sogenannte „alternative Lebensstil" heute zum neu entdeckten Leitbegriff vieler suchender Menschen geworden. Im Grunde ist damit genau das gleiche gemeint wie mit dem altmodischen Wort „büßen". Buße im Sinn von Bekehrung zielt weniger darauf ab, ein bestimmtes Bußwerk zu verrichten, das ich so teilnahmslos erledigen kann wie die Zahlung des Bußgeldbescheides beim Gericht, sondern drängt in die Tiefe des Herzens, das sich ändern soll, weil das neue Reich angebrochen ist und die alte Welt ins Wanken gerät.

Gott gibt uns die Chance des neuen Anfangs. Er behandelt uns nicht, wie sich Schachspieler begegnen. Haben wir schon einmal zugeschaut, wie die beiden sich gegenübersitzen und mit äußerster Konzentration versuchen, den Gegner und seine Züge zu berechnen, um ihn in die Ecke abzudrängen, ihm die Figuren wegzunehmen und schließlich triumphierend das „Matt" auszurufen? Wer läßt schon den, der seine Chance verspielt, neu anfangen? Gott tut das. Er stellt gleichsam unsere Figuren wieder in die Ausgangsposition und lädt uns ein: „Komm, laß uns noch einmal von vorne beginnen. Diesmal klappt es besser bei dir. Ich gebe dir eine neue Chance."

Gott hat die unbesiegbare Hoffnung, daß aus jedem Menschen etwas wird. Bei ihm braucht keiner aufzugeben, weil er meint, er sei ein Versager. Er gibt keinen Menschen verloren. Hätte er sonst versprechen lassen, das geknickte Rohr nicht zu brechen und den glimmenden Docht nicht vollends auszutreten? Es kommt für uns darauf an, die angebotene Chance zu ergreifen. Dann wird es jene Seligkeit der Umkehr geben, in der wir erfahren, daß es nicht die schlechtesten Stunden des Lebens sind, wo etwas in Bewegung gerät und wir uns ändern. Solche Buße bürdet keine neuen Lasten auf, sondern befreit von Ballast, weil Dinge entzaubert werden, die uns den Blick verstellen und das Herz fesseln. Gott ist der Anfang, der ein gutes Ende verheißt, wenn wir uns nur auf den Weg machen.

4. NAZARET

oder: Wie man mit Vorurteilen umgeht

. . . „Da sagte Natanael: Aus Nazaret? Kann von dort etwas Gutes kommen?" Jo 1, 46

Manchmal erzählt die Bibel wie beiläufig auch von scheinbar kleinen menschlichen Fehlhaltungen, die uns Heutige ebenso wie die Menschen damals belasten. Besonders an eine dieser Unzulänglichkeiten mußte ich denken, als ich nach Nazaret unterwegs war. Wenn man die Stadt heute sieht, wie sie sich über einem Steilhang am Rande der Jezreelebene auftürmt, dann ist kaum vorstellbar, daß ihre Einwohner einmal unter dem Vorurteil ihrer Nachbarstädte leiden mußten, hinterwäldlerisch und besonders durchtrieben zu sein.

Zur Zeit Jesu hatte Nazaret keinerlei Bedeutung. Die Siedlung lag abseits der bekannten Handelsstraßen. Große Politik und Fortschritt gingen an ihr vorbei. Nicht ein einziges Mal wird die Ortschaft im Alten Testament erwähnt. Heute stehen dort Hochhäuser. Eine riesige Betonkirche beherrscht das Stadtbild. Bazar und Andenkenbuden drängen laut und geschäftig bis an die Kirchenportale vor. Zur Zeit Jesu konnten dort nur so viel Menschen leben, wie es das Wasser der einzigen Quelle ermöglichte. Die Leute in Kapernaum und den Nachbarstädten des Galil rümpften die Nase, wenn ihnen ein Nazarener begegnete. Denen konnte man nicht über den Weg trauen. Wer aus diesem Nest, dem Gewirr aus kleinen Häusern, Höhlen und Grotten stammte, wer zu dieser zweifelhaften Mischbevölkerung aus Juden und Heiden, den Überbleibseln der Besatzungstruppen vieler Länder zählte, der konnte nichts taugen. Da hätte Jesus sich schon eine bedeutendere Heimatstadt suchen müssen als Nazaret. Jaffa vielleicht oder Hebron. Aus Nazaret? Könnte von dort etwas Gutes kommen?

★

Es kann. ,,Vorurteile haben ein zähes Leben.'' Damals so gut wie heute. Und was noch schlimmer ist: Im Handumdrehen werden aus Vorurteilen Urteile über alle, die man nicht in das Schema der eigenen Vorstellungen einzwängen kann: Neger, Gastarbeiter, Behinderte, Schwiegermütter, Reiche, Arme, Mitglieder anderer Parteien oder Kirchen. Vorurteile hindern uns daran, die Welt und die Menschen so zu sehen, wie sie sind. Wer will schon mit einer beschlagenen Brille herumlaufen? Wer will nicht mehr klar sehen können? Nur bei Vorurteilen scheint uns das nicht zu stören. Wir stempeln Leute ab. Allmählich kann man sich nicht mehr in die Augen sehen. Es entsteht ein Feindbild vom anderen.

Als der holländische Professor Oosterwaal Eingeborenenstämme auf Neuguinea kennenlernen wollte, besuchte er zuerst den Stamm der Bora-Bora. Dann wollte er zu den Waf weiterrreisen. Da warnten ihn die Leute des Dorfes, die Waf seien schmutzig und dumm. Sie seien schlechte Menschen, denen man nicht trauen könne. Aber der Forscher riskierte es dennoch, zu den Waf zu gehen. Und siehe da: er wurde herzlich empfangen. Von Grausamkeit und Dummheit war nichts zu merken. Man beglückwünschte ihn sogar, daß er mit heiler Haut bei den Bora-Bora-Leuten davongekommen sei. Diese seien doch schmutzig, dumm und schlechte Menschen, denen man nicht über den Weg trauen könne.

Verhalten wir uns besser als diese Stämme im Urwald? Die primitiven Menschen waren durch Berge und Täler voneinander getrennt. Wir aber haben die Barriere der Vorurteile selber zwischen uns aufgerichtet und Gräben der Voreingenommenheit tief aufgerissen. Ohne vernünftigen Grund machen wir einen Bogen um bestimmte Menschen und Gruppen. Wir hängen ihnen ein Etikett an: den Ausländern, den Obdachlosen, den Ostfriesen, den Katholiken und den Sozialisten. Und wir setzen uns damit ab. Andererseits bedeutet dann sehr schnell Anderssein Gegnerschaft. Der Schritt vom Vorurteil zum Haß ist nicht allzu groß. Vorurteile hindern uns am Nachdenken. So durchschauen wir nur selten oder überhaupt nicht mehr, wo die Wurzeln persönlicher Vorurteile eingegraben sind. Erst, wenn ich den anderen Menschen Raum, ja Spielraum, gebe, sich mit ihrer Wesens- und Denkart zu entfalten, kann ich prüfen, ob mein Urteil über sie ausgewogen und berechtigt ist.

Möglicherweise wird das Wort der Bibel ,,Du sollst auch deine Feinde lieben'' noch lange Utopie bleiben. Aber andere Menschen zu verstehen, auch wenn sie unsere Gegner sind, das müßte versucht werden, weil es ein erster Schritt in die rechte Richtung ist. In den Regeln von Taize wird eingeschärft: ,,Achte deinen Nächsten — ganz gleich, was er glaubt und was er denkt!''

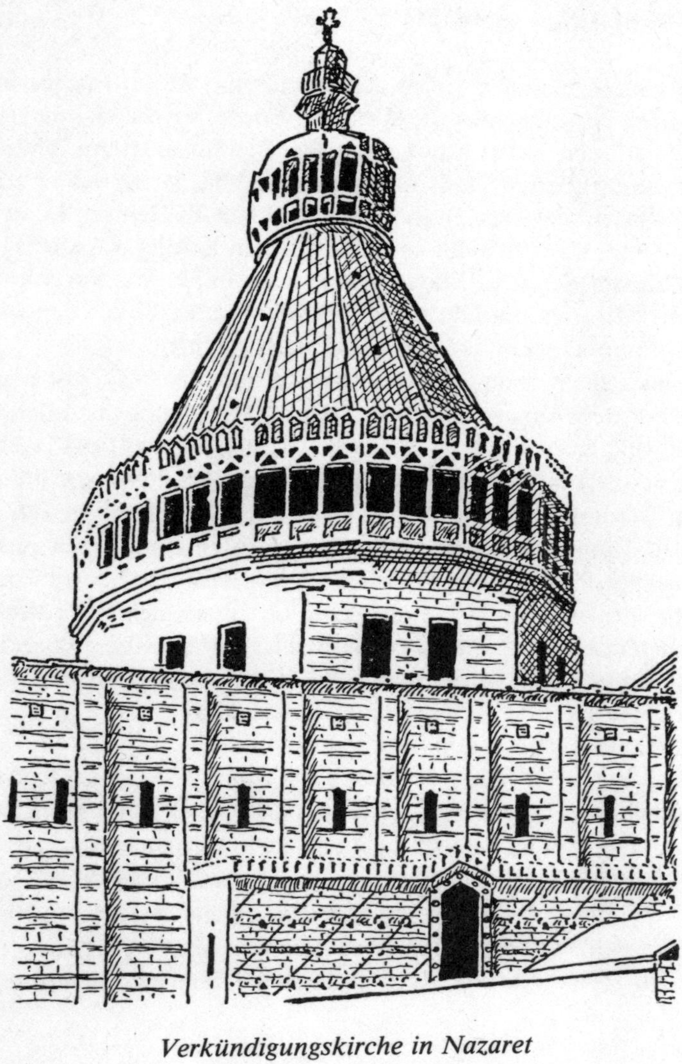

Verkündigungskirche in Nazaret

5. TABOR

oder: Vom Licht auf dem Weg

„. . .Jesus nahm Petrus, Jakobus und Johannes beiseite und führte sie auf einen hohen Berg, aber nur sie allein. Und er wurde vor ihren Augen verwandelt . . ." Mk 9, 2

Ungläubiges Staunen, sogar Kopfschütteln löst bei Pilgern und Fremden der Blick über die Weite der Ebene Jezreel aus, wenn sie daran erinnert werden, daß unter den Baumwollfeldern, blühenden Blumenbeeten und fruchtbaren Kibbuzgärten das älteste Schlachtfeld der Welt liegt. Kaum ein Platz im Heiligen Land ist so oft von Menschenblut getränkt worden. Krieger aus aller Herren Länder liegen in Massengräbern tief unter den Äckern verscharrt. In alter Zeit führte hier eine wichtige Straße von den Städten Mesopotamiens zur Küste und nach Ägypten.

Gleich einer schön geschwungenen, ebenmäßigen Glocke erhebt sich der Berg Tabor aus dem Tal. Fast 600 Meter hoch. An seinen Hängen ducken sich zwei arabische Siedlungen. Das Dorf Dabburiya erinnert mit seinem Namen an die Prophetin Debora, die vor dem Tabor das Volk Israel zum Kampf gegen die Philister aufrief. Juden, Römer und Byzantiner haben hier steinerne Spuren hinterlassen. Im Neuen Testament kommt ein Berg mit Namen Tabor nicht vor. Dafür liebt ihn die Tradition um so mehr. Die Araber nennen den Tabor einfach „Dschebel et-Tur", Heiliger Berg. Immer wieder haben Christen alles daran gesetzt, um den „Berg der Verklärung Jesu" zu besitzen. Aber war Jesus bei dem denkwürdigen Ereignis überhaupt auf dem Tabor?

Der Tabor schweigt. Wird er nicht vom gleißenden Licht der Mittagssonne überstrahlt oder in die warmen Farbtöne des Sonnenuntergangs getaucht, geht eine seltsame Unnahbarkeit von ihm aus. Die Pilger des Mittelalters mußten mehr als 4000 Stufen klettern, um in der Kirche auf dem Gipfel beten zu können. Heute windet sich eine Serpentine durch die spärlichen Wälder aus Steineichen, Johannesbrotbäumen und Terebinthen zur kahlen Kuppe.

★

Es gibt keine Erklärung für die Verklärung Jesu, weil sie ein einmaliger und einzigartiger Vorgang ist. Jesus erscheint in neuem, unzugänglichem Licht; uns wird ein jäher Blick in den Hintergrund der Welt geschenkt. Mit den drei Aposteln können wir begreifen, daß alles, was Leben und Geschichte füllt, sowohl Siege wie Katastrophen, das Reichsein und das Elend der Armut, der gepriesene Fortschritt und seine ungelösten Probleme, nur das „Vorletzte" sind. Das letzte Wort wird erst gesprochen, wenn die vielen Menschenschicksale in die Ewigkeit Gottes einmünden.

Kirche der Verklärung auf dem Berg Tabor

Deswegen erscheinen Mose und Elia zum Gespräch mit Jesus. Menschen aus vergangenen Zeiten. Sie sind gestorben und dennoch nicht tot. Die Verbindung zu Gott ist geblieben. Für gläubige Menschen ist das die Bestätigung, daß das Leben im Tod nicht genommen, sondern nur gewandelt wird. Petrus möchte diesen Augenblick beglückender Erkenntnis festhalten. Er will auf dem Berg bleiben, schon über den Dingen stehen. Aber er muß wieder hinabsteigen ins Tal, in den Alltag, wo das Geschaute und sein Glaube auf harte Proben gestellt werden.

Man kann den Glauben mit einer Bergwanderung vergleichen, bei der Nebel und Wolken den Blick auf den Gipfel nicht freigeben. Wir möchten Gott schon jetzt gerne klar und deutlich schauen. Der Aufstieg würde uns leichter fallen. Gläubige Menschen müssen lernen, daß die unverhüllte Begegnung mit dem Schöpfer erst nach dem Tode eintritt. Bis dahin gilt das Wort aus dem Hebräerbrief: „Glaube aber ist: Feststehen in dem, was man erhofft, Überzeugtsein von Dingen, die man nicht sieht." Hebr. 11, 1

Damals nahm Jesus die drei Jünger mit auf den Berg, damit sie nicht nur mit den Augen, sondern mit dem Herzen schauen und begreifen lernten. Ähnliche Augenblicke der Klarheit werden jedem Menschen im Leben geschenkt. Freilich sind solche Augenblicke, wenn die Ewigkeit hineinreicht ins Diesseits, nicht von Dauer. Wir können sie sogar verspielen. Besonders dann nehmen wir sie nicht mehr wahr, wenn die „vorletzten" Dinge den Menschen so in Besitz nehmen und beherrschen, daß Sinne und Gedanken vom Irdischen betäubt werden.

Der russische Dichter Alexander Solschenizyn erzählt von einem solchen Zeichen, vom Zerreißen der Nebelschwaden und wie der Blick freigegeben wird: „Immer waren die Menschen selbstsüchtig und oft wenig gut. Aber das Abendläuten erklang, schwebte über dem Dorf, über den Feldern, über dem Wald. Es mahnte, die unbedeutenden Dinge abzulegen, Zeit und Gedanken der Ewigkeit zu widmen. Dieses Läuten bewahrte die Menschen davor, zu vierbeinigen Kreaturen zu werden."

6. DER BERG DER VERSUCHUNG

oder: Vom Zwang der Sünde

„ . . . wieder nahm ihn der Teufel mit sich und führte ihn auf einen sehr hohen Berg . . ." Mt 4, 8

Ein geheimnisvoller Text auf der Kupferrolle, die Ausgräber in den Höhlen beim Wüstenkloster Qumran gefunden haben, weist auf den Berg der Versuchung hin. Diese berühmte Rolle erwähnt einen verborgenen Schatz von 22 Talenten, der auf dem Gipfel jenes Berges vergraben sein sollte, den spätere christliche Tradition zum Schauplatz der Versuchung Jesu machte.

Am Rand der riesigen ehemaligen Palästinensersiedlung bei Jericho wächst die braunrote Schulter eines Bergrückens über der Wüste Juda empor. Unter dem Dschebel Quarantal, dem Vierzig-Tage-Berg, wie er auf arabisch heißt, verrotten und verfallen die verlassenen Lehmhütten der einstigen Flüchtlinge. Der tote Platz ist drastischer Anschauungsunterricht dafür, wie im Laufe der Zeit aus dem Ort mit dem ehemals bienenhaften Leben langsam Ruinen für kommende Archäologen werden.

Hineingepreßt in den Berghang liegt auf halber Höhe das griechisch-orthodoxe Kloster. Hier zeigt man uns gern die Höhle, in der Jesus vierzig Tage und Nächte gebetet und gefastet haben soll. Längst ist sie in eine Kapelle verwandelt worden, von der sich ein kleiner Steg bis hin zum Gipfel windet. Hier oben schweift an klaren Tagen der Blick weit über die grünen Dattelhaine der Oase Jericho. Das Panorama reicht von den Turmspitzen Jerusalems über dem Ölberg am fernen westlichen Horizont bis zum Nebo und den Bergen Moabs jenseits des wabernden Dunstes über dem Toten Meer.

Die Naivität ist entwaffnend, mit der ein Gastmönch schließlich den Stein vorweist, auf dem Jesus während des Streitgespräches mit dem Teufel gesessen haben soll. Da werden die herumliegenden flachen Steine, die wie Brotfladen aussehen, eher zur handfesten Erinnerung an die Versuchung des Brotwunders. Schon sehr früh wohnten christliche Eremiten auf diesem Berg, in dessen Höhlen sie reichlich Zeit fanden, über die Versuchungsgeschichten nachzudenken.

★

Nur Toren wollen es nicht wahrhaben, daß es in unserer Welt viel Schlimmes und Böses gibt. Hilflos heben die Menschen die Schultern: „Da kann man nichts machen. Das ist halt so." Weil es anscheinend leichter fällt, das Böse zu beschreiben als das Gute, konnte der Eindruck entstehen, als sei das Böse — die Bibel nennt es richtiger die Sünde — etwas Unausweichliches. Kann man tatsächlich der Sünde ebensowenig entgehen wie einem plötzlichen Platzregen oder einer heftigen Windbö?

Die Versuchungsgeschichten sind eine Einladung zum Lernen. Nicht mit erhobenem Zeigefinger droht Jesus, weil er weiß, daß Menschen das nicht mögen. Anschaulich führt er uns in drei Szenen und in seinen Entscheidungen die Möglichkeit und die Chance vor Augen, dem Zwang des Bösen zu entgehen.

Trotz des Hungers macht Jesus aus Steinen kein Brot. Wir sollen einsehen, daß es außer Essen und Trinken auch Wichtigeres gibt. Immer wieder sind Menschen bereit, Ideale und Werte zugunsten von materiell-leiblichen Vorteilen zu verraten. Eingängig ist auch die Lektion über Gott und den Glauben: Wir hätten es sicher manchmal ganz gern, wenn unser Gott etwas kräftiger und erkennbarer in den Ablauf der Weltgeschichte eingreifen würde. Wer hätte im Bereich des Glaubens nicht schon einmal mit Sensationen geliebäugelt und mit außergewöhnlichen Dingen, die sich vorzeigen lassen und mit denen sich leichter überzeugen läßt!

Aber Gott will nicht durch Zauberkunststückchen, sondern durch sein Wort unsere Herzen wandeln, damit wir unsere Hände und Füße zu seinen Werkzeugen machen. Und schließlich sind die Trümmer der Festung Doq auf dem Gipfel unseres Berges ein deutliches Beispiel dafür, daß Menschen nicht jedes Mittel recht sein darf, um Macht zu erringen. Machthunger und Machtfülle sind gefährliche Einfallstore für das Böse und für die Sünde.

Der Mann aus Nazaret hat diesen Versuchungen widerstanden.

Sich auf die Wahrheit dieser wirksamen Geschichte am Dschebel Qarantal einzulassen heißt, einen Glauben zu gewinnen, der nicht verbietet, sondern der uns in die Lage versetzt, sich vom peinigenden Zwang des praktizierten Materialismus zu befreien.

Zitadelle von Jerusalem oder der sogenannte „Turm David"

7. DER SEE GENNESARET

oder: Vom Umgang mit Gottes Schöpfung

„. . . Eines Tages aber stieg Jesus mit seinen Jüngern in ein Boot und sprach zu ihnen: ‚Wir wollen an das andere Ufer des Sees hinüberfahren! Und sie fuhren ab . . .“ Lk 8, 22

„Das Auge Gottes“ nennen die Araber den See von Tiberias. Tiefblau liegt die Oberfläche des Sees fast zweihundert Meter unter dem Meeresspiegel. Er ist nicht besonders groß. Von Norden nach Süden mißt er etwa 20 km, und an der breitesten Stelle müssen die Motorboote 12 km durch das klare Wasser tuckern. Dennoch nannten ihn die Zeitgenossen Jesu voller Respekt das „Galiläische Meer“. Die Sprachforscher meinen, daß im hebräischen Wort „Kinneret“ das Urwort „Kinnor“ stecke, das mit Harfe verbunden wird. Manche erkennen in der Form des Sees Gennesaret die Harfe, für andere klingt das leise Schlagen der Wellen wie die Musik einer Harfe.

In biblischer Zeit glichen Regenfälle die Höhe des Wasserspiegels aus. Heute wird aus dem See das kostbare Naß gepumpt, um Menschen und Felder zu versorgen. Im Gegensatz zum südlich gelegenen Toten Meer ist es Süßwasser, in dem es sich lohnt, auf Fischfang zu gehen. Es sind mehr als zwanzig Fischarten, denen man auflauerte und die zur Zeit Jesu die Fischerei zu einem einträglichen Erwerbszweig machte. Heute wie damals müssen sich die Boote auf dem Wasser vor plötzlichen Windböen aus den Wadis der Umgebung hüten, die von einem Augenblick zum anderen auch bei wolkenlosem Himmel die stille Seefläche aufpeitschen können.

Es ist ein gesegneter Landstrich, von dem es heißt, das Jesus sich hier besonders gern aufhielt. Jede Anlegestelle am See, die Hügel am Ufer, die Wege zu den verfallenen Dörfern und Städten sind Zeugnisse der Heilsgeschichte.

Mehr als irgendwo sonst spricht die Landschaft von biblischen Ereignissen. Die Ufer strotzen von Fruchtbarkeit. Der Walnußbaum wächst üppig, und Palmen gedeihen in tropischem Klima.

Feigen und Oliven reifen neben niedrigen Stauden, die voller Bananen hängen. Staunend bewundern wir Orangenbäume, an deren Zweigen Blüten und Früchte zu gleicher Zeit wachsen.

★

Eine Ahnung vom Paradies drängt sich auf. Gott hat sich nicht nur in Jesus offenbart. Die Schöpfung ist eine Äußerung Gottes. Müßten Christen nicht nachdrücklicher von der Schöpfung reden als lediglich von der Natur? Es ist erstaunlich, daß Christen, die sich um die Umwelt sorgen, nicht längst auf den Psalm 24 gestoßen sind: ,,dem Herrn gehört die Erde und was sie erfüllt, der Erdkreis und seine Bewohner.''

Die blühenden Ufer des Sees Gennesaret und die schwer beladenen Fischerboote führen direkt in das zweite Kapitel der Schöpfungsgeschichte. Dort wird erzählt, wie Gott den Menschen in seinen Garten setzt, damit er ihn in seinem Auftrag bebaue und behüte. Da können wir lesen, wie der Mensch als Statthalter Gottes Anteil erhält an seiner Herrschaft. Aber es wird ihm auch gesagt, wie er diese Herrschaft ausüben soll: entdecken, entwickeln, umsorgen.

Die große Weisheit des biblischen Glaubens besteht darin, daß sie die Natur in einem bestimmten Sinn entzaubert. Wir haben sie nicht mehr als eine erdrückende, namenlose Übermacht zu fürchten, die Menschen bannt und ängstigt. Jetzt kann der Mensch nüchtern mit den Dingen umgehen, doch muß er immer Maß nehmen am Urbild, sich orientieren am Verhalten Gottes zur Schöpfung. Und der Herr will, daß durch des Menschen Hegen und Sorgen diese Schöpfung zur vollen Entfaltung kommt. Der Mensch steht immer in deutlicher Verantwortung vor Gott, der alles liebt, was er erschaffen hat.

Die Frage ist erlaubt, ob die großen Ängste unserer Tage nicht daher rühren, weil Menschen aus der Welt ein Rohstoff- und Materiallager machten, das sie nach ihrem Gutdünken ausbeuten und ausplündern und dabei unterschlagen und verschweigen, daß die Welt Gabe und Aufgabe Gottes für die Menschen ist.

Nicht eine angebliche Fehlplanung Gottes ist schuld daran, wenn die Menschen jetzt erschrecken, weil es mit ihrer Welt kein gutes Ende zu nehmen droht. Ihr Egoismus und ihre Machtgier verschleudern den Reichtum der Schöpfung. Sie verpesten das Werk seiner Hände, von dem es im biblischen Text heißt: ,,und siehe, alles ist sehr gut''. Es wird Zeit, daß Christen aufhören, sich zu scheuen, daran zu erinnern, daß die Welt Gottes Eigentum ist. Essen und Trinken können auch Tiere. Aber freie und intelligente Menschen vermögen zu erkennen, wem sie die Welt verdanken. Der Dichter des Psalmes (104, 14) hat es schon vor langer Zeit formuliert: ,,Du läßt das Gras wachsen für das Vieh, auch Pflanzen für den Menschen, die er anbaut, damit er Brot gewinnt von der Erde und Wein, der das Herz des Menschen erfreut.''

8. BERG DER SELIGKEITEN

oder: Wie Menschen miteinander umgehen sollen

„. . . als Jesus die vielen Menschen sah, stieg er auf einen Berg. Er setzte sich, und seine Jünger traten zu ihm. Dann begann er zu reden und lehrte sie . . ." Mt 5, 1

In seinen Reisetagebüchern notierte der weitgereiste Sven Hedin, was besonderen Eindruck auf ihn gemacht hatte. Über den Berg der Seligpreisungen und der ihn umgebenden Landschaft schreibt er: „Ich kann mich keines Flecks der Erde erinnern, der einen tieferen und mächtigeren Eindruck auf mich gemacht hätte als Genesareth, das Galiläische Meer, eingebettet in den Kranz öder Berge und fruchtbarer Hügel, über die der Mittelmeerwind seine sausende Botschaft führt. Die alten Rabbiner sagen, daß Gott sieben Meere geschaffen habe, aber das Meer von Galiläa war seine Freude."

Das ist nicht übertrieben. Im Hügelkranz findet man einsame Stellen. Hier umfängt Stille den Menschen. Der Blick schweift über das Blau des Wassers. Im wechselnden Licht des Tages unter dem Spiel der Wolken ist die Schönheit der Landschaft ausgebreitet. Die Luft ist erfüllt vom Wohlgeruch der Goldranken, Cyklamen und Kardonen. Gesegnetes Land! Die Ufer und sanften Hügel strotzen vor Fruchtbarkeit. Rot wie Rubine reifen Granatäpfel, und gleich schweren, gelben Gewichten hängen Bananenbündel an niedrigen Stauden. Aus Orangen- und Olivenhainen, aus Gärten, in den Mango und Pekannüsse geerntet werden, aus einem sprichwörtlichen Garten Eden wächst jener Hügel empor, der seit alter Zeit den Namen „Berg der Seligkeiten" trägt.

Schon die Pilgerin Ätheria berichtet um 385 von einer Tradition dieses Ortes der Bergpredigt. Sie beschreibt, daß auf dem Weg nach Kafarnaum „. . . nahebei sich der Berg befindet, auf dessen Anhöhe hinaufsteigend, der Erlöser die Seligkeiten sprach."

Aus Zeugnissen des 12. Jahrhunderts geht ebenfalls hervor, daß die Überlieferung den Ort der Bergpredigt auf einem Hügel am

Weg zwischen Siebenquell und Kafarnaum annahm. Dorthin baute man die „Kirche der Seligpreisungen". Ihre Lage erinnert mich an eine Pilgernotiz aus dem 14. Jahrhundert, daß hier der „zur größten Andacht stimmende Berg" sei.

★

Beim Gottesdienst in dieser Kapelle, aber auch beim stillen Lesen biblischer Texte, machen Pilger oft die Erfahrung: die Worte Jesu hört man auf diesem Hügel anders als zu Hause. Fast ist es so, als sei das Neue Testament erst gestern geschrieben worden.

„Selig sind die Trauernden; selig sind, die Verfolgung leiden . . .". Das ist nicht der Wunsch eines weltfremden Träumers, sondern das Modell der neuen, der besseren Welt. So sieht der verheißene Anteil am endgültigen Reich Gottes aus.

„Selig sind die Barmherzigen, denn sie werden Barmherzigkeit erlangen". Es bedeutet Kampfansage an unsere Gedankenlosigkeit. Denn wer barmherzig ist, macht die Ausnahme von der Regel. Der barmherzige Mensch verläßt den starren Rechtsstandpunkt. Er setzt neue Maßstäbe, oder, wie ich es einmal treffend gelesen habe: „Die Schwachen werden geschont, den Schuldigen wird vergeben, die Gestrauchelten werden aufgerichtet." Damit wird der gewöhnliche Lauf der Welt durchbrochen. Auf sein Recht pochen und sein Recht durchsetzen gilt so lange als unumstößliche Regel, bis mich das Wort aus der Bergpredigt trifft: „Selig sind die Barmherzigen . . .". Dann werden die Schwachen nicht mehr an die Wand gespielt. Die Kleinen geraten beim Konkurrenzkampf nicht mehr unter die Räder. Wir decken nicht mehr schonungslos Schwächen und Fehler der Mitmenschen auf.

Menschen tun sich mit der Barmherzigkeit schwer. „Gutheit ist Dummheit". Das sagen wir zur Entschuldigung, wenn es wieder einmal hart und unerbittlich zuging. Solche sogenannten Volksweisheiten stammen aber nicht aus der Bergpredigt. Dort heißt es: „Selig sind die Barmherzigen, denn sie werden Erbarmen finden." In der Bergpredigt erinnert Jesus an den Vater, Richter über alles und über allem, der sich dennoch den Menschen gegenüber barmherzig verhält.

Gott macht Ausnahmen von der Regel. Er setzt neue Maßstäbe und begründet so die außer-ordentliche Ordnung seines Reiches.

Jedem Menschen, der ebenso handelt, hat er die Seligkeit verheißen. Dieses Versprechen gilt auch heute. Würden mehr Menschen Barmherzigkeit zur Richtschnur ihres Handelns machen, könnten in unserer Welt überraschende Dinge geschehen. Wenn wir barmherzig sind, tun wir mehr, als über eine unangenehme Sache nicht mehr zu reden oder resignierend aufzugeben. Wenn wir barmherzig sind, schließen wir auch den Menschen mit ein, der uns geschadet hat, der uns beleidigte oder an den wir Forderungen zu stellen haben.

Das wird nicht immer auf Anhieb gelingen. Vielleicht hilft uns die Erinnerung, daß alle Menschen irgendwann einmal auf die Barmherzigkeit anderer angewiesen waren. François Mauriac meint: „Das Schlimmste auf der Welt ist, wenn Gerechtigkeit und Liebe getrennt sind."

Berg der Seligkeiten mit Kapelle

9. KAFARNAUM

oder: Wie Gott sich von Menschen abhängig macht

„ . . . „Sie kamen nach Kafarnaum. Am folgenden Sabbat ging Jesus in die Synagoge und lehrte . . .“ Mk 1, 21

Über den Erdball verstreut liegen Ruinen, die davon erzählen, wie Menschen miteinander umgehen, oder wie weit sie es ohne Gott bringen. Wenn wir im Trümmerfeld von Kafarnaum stehen, jener ehemaligen Zoll- und Garnisonsstadt am Nordwestufer des Sees Gennesaret, verraten die Fundamente jener Häuser, in denen einmal Petrus, Andreas und ihre Freunde gewohnt haben mögen, ihre eigene Geschichte.

In den Evangelien wird die Stadt Kafarnaum häufig erwähnt; vielleicht, weil Jesus sie als zweiten Wohnsitz wählte, nachdem sich für seine Arbeit im heimatlichen Nazaret kein Echo fand. Er wohnte so oft hier, daß man den Ort einfach „seine Stadt“ nannte. Später sank die Ortschaft in Schutt und Asche, wie von Jesus prophezeit. Als hätte einer der vielen Vulkane vom nahen Golan Lavabrocken niederregnen lassen, so verstreut liegen die braunen und schwarzen Trümmer früherer Wohnquartiere in einem Eukalypthuswäldchen. Winterregen hat sie blank gewaschen.

Einst herrschte in Kafarnaum wie in den anderen neun Städten rund um das Galiläische Meer bescheidener Wohlstand. Besonders Fischer waren hier zu Hause. Karpfen und Meeräschen, Sardinen und Welse wurden gefangen, eingepökelt und bis nach Jerusalem und über die Landesgrenzen hinweg verkauft. In der Hauptstadt trug ein Tor den Namen Fischertor, ein Beweis dafür, daß der Fischhandel nicht unwichtig war. In Kafarnaum kreuzten sich Handelsstraßen. Es war ein Grenzort mit einer kleinen Garnison unter einem Centurio und einem Zollhaus. Der Zolleinnehmer Matthäus konnte leicht auf seine Kosten kommen: vor seiner Türe wurden Seide und Gewürze verkauft. Der Ort war schmal und erstreckte sich nur 500 m am Seeufer entlang.

★

Die meisten Apostel stammen aus dieser Gegend. Es waren keineswegs einfältige Leute. In dem geschäftigen Umschlagplatz von Waren und Meinungen haben sie ihr Selbstbewußtsein und ihr Urteil über die Welt gefunden. Und nun spricht Jesus sie an. Mitten im Alltag, wo ihnen manches gelang, aber auch vieles schiefging. Wir sehen: sie lassen sich tatsächlich auf seine neue Lehre ein. Sie wagen etwas und ändern ihr Leben.

Seit der Berufung der Männer aus Kafarnaum zu Nachfolgern wissen wir, daß Gott bei dem, was er mit der Welt im Sinn hat, auf die Menschen eingeht. Er ist nicht auf uns angewiesen, aber er will uns dabei haben. Er nimmt Menschen in seinen Dienst. Damals waren es Fischer und Geldeintreiber vom Zoll. Heute können es Taxifahrer sein, Lehrerinnen, EDV-Spezialisten oder Hausfrauen. Keiner ist ausgeschlossen.

Synagoge in Kafarnaum

Man kann es noch deutlicher sagen: Ein Mensch kann ein bedeutender Erfinder werden, ein erfolgreicher Politiker oder eben auch ein umjubelter Star — das alles ist aber viel weniger, als wenn ein Mensch, der Herr Jedermann, in der Hand Gottes dessen Werkzeug wird. In jedem Menschen steckt die Möglichkeit, daß durch seine Augen Gott die Welt ansieht. Jeder kann zu der Hand werden, durch die dieser Gott wirkt.

Auf einer Konferenz in Jerusalem hielt eine holländische Evangelistin der Versammlung einen Handschuh hin und erklärte: ,,Dieser Handschuh kann zunächst nichts. Aber wenn meine Hand in ihn fährt, kann er viel: schreiben, kochen und sogar Klavier spielen. So geht es auch mit uns. Wir können von uns aus gar nichts. Aber wenn der Geist Gottes in uns fährt, dann werden wir mächtig.'' Gewiß sind wir Menschen mehr als ein Handschuh. Aber uns völlig ausfüllen können wir selbst nicht. Wir sind berufen, uns auf den Geist Gottes einzulassen. Uns ist das Vorrecht gegeben, uns von ihm führen und füllen zu lassen.

Wir sind freie Menschen und können tun und lassen, was wir wollen. Wir können uns aber auch in voller Freiheit nach dem Willen eines anderen richten. Die Männer in Kafarnaum haben es vorgelebt. Mit ihnen sammelt Jesus nicht hilflose Träumer um sich oder anpassungsfähige Schwätzer, sondern Menschen, die zu Mitarbeitern im aufbrechenden Reich Gottes wurden. Gott will Menschen, die um das Ziel wissen.

Mir gefällt, was in einem gescheiten Buch steht: ,,Gott hat dir deinen Kopf und dein Herz, deine Füße und deine Hände gegeben, damit durch dich etwas geschieht. Er hat einen Plan mit dir.'' Es kommt darauf an herauszubekommen, was Gott für die Welt tun will durch meine Hand, durch meine Begabung, durch meine Fähigkeiten. Dann weiß ich auch, was der eigentliche und der tiefste Sinn meines Lebens ist. Wir dürfen sicher sein: keiner ist unnütz als Mitarbeiter Gottes.

10. CAESAREA PHILIPPI

oder: Wie man sich entscheiden muß

„. . . als Jesus in die Gegend von Caesarea Philippi kam, fragte er seine Jünger: ‚Für wen halten die Leute den Menschensohn?' "
Mt 16, 13

Grenzorte haben es an sich, daß sie den Menschen unruhig machen, denn er muß sich entscheiden, eine bestimmte Linie zu überschreiten, mit der Vertrautes zurückbleibt, das Abeuteuer des Neuen beginnt. Im äußersten Norden des Heiligen Landes, am Fuß des schneebedeckten Hermon und unmittelbar an der Grenze zu Syrien liegt Caesarea Philippi. Der Kaiser Augustus schenkte diesen Platz Herodes, der seinem Herrn — aus Dankbarkeit — nahe der Quelle des Jordan einen Tempel aus weißem Marmor weihte. Bei seinem Tod ging dieses Gebiet an seinen Sohn Philippus, der den Grenzort, der nun seinen Namen trug, zur prächtigen Hauptstadt seines Reiches ausbaute.

Die Lage der Stadt war so schön, daß Titus sich hier lange aufhielt und die Eroberung von Jerusalem feierte. Heute ist so gut wie nichts mehr von den Bauwerken übriggeblieben. Zwischen Weiden und Eukalypthusbäumen eines immergrünen Auwaldes gluckst und springt der junge Jordan. Die wenigen Häuser des Dorfes Banyas erinnern daran, daß die alten Griechen das Quellwasser dem Gott Pan, dem Herrn der Hirten und Herden, geweiht hatten. Unter Tamarisken und blühenden Oleanderbäumen schlummern die Fundamente der einstigen Residenz, wo Kaiserkult und Naturvergottung aufeinandertrafen. Religiöse Empfindungen jeder Art konnten hier befriedigt werden.

Als die Stadt in ihrer Blüte stand, besuchte Jesus sie in Begleitung der Apostel. Hier drängte er sie, sich zu entscheiden, für was sie ihn hielten.

★

Jesus war umstritten. Damals wie heute. Einige hielten ihn für den wiederauferstandenen Johannes den Täufer; für andere war er ein Prophet oder ein Wundertäter. Und die Pharisäer erklärten kurz und bündig: ,,Er ist des Teufels.'' Petrus fällt stellvertretend für die übrigen Apostel die Entscheidung: ,,Du bist Christus, der Sohn des lebendigen Gottes.'' Obwohl Jesus mit früheren Propheten manches gemeinsam hatte, reiht Petrus ihn nicht in deren Reihe. Jesus will Veränderungen herbeiführen, und dennoch ruft Petrus ihn nicht zum Revolutionär aus. Er verfällt nicht der Versuchung, Jesus zum Sprachrohr der eigenen Ideen und Wünsche zu machen. Später sollte im Laufe der Geschichte dieser Fehler oft gemacht werden. In seinem Bekenntnis legt der Fischer Petrus Zeugnis dafür ab, woher Jesus kommt.

Anders ausgedrückt: Selbst ein kleines Kind weiß, daß Gott nicht mit dem Mikroskop zu finden ist. Die größte Radaranlage wird ihn nie erreichen; aber er ist anwesend in Jesus Christus.

Jesus schlägt die Brücke zwischen Gott und Mensch. Jene Brücke, die man betreten muß, um mehr von Gott zu erfahren. Das zeitgenössische, gegenwärtige Denken übt Druck auf unser Jesusbild aus: Die Göttlichkeit Jesu wird verdrängt, und übrig bleibt der gute Mensch, der schon in der antiken Welt Brüderlichkeit und Gleichheit verkündete. Ist aber Jesus nur ein guter Mensch, und wäre er der selbstloseste aller Menschen gewesen, er könnte uns nicht erlösen. Dagegen konnte Petrus nichts Treffenderes bekennen als: ,,Du bist der Sohn Gottes!'' Er ist die Wahrheit, die über Heil und Unheil des Menschen entscheidet.

Es fällt auf, daß Jesus nicht selbst sagt, wer er ist. Er will es von den Menschen wissen. Wir haben die Freiheit, von Jesus zu halten, was wir wollen. Da redet uns niemand herein. Aus dieser Freiheit heraus müssen wir auch die Frage beantworten: ,,Welchen Platz räumt ihr mir in eurem Leben ein? Was bin ich euch wert in eurem Fortschrittsdenken, in eurem Wohlstand und in euerer Sexualität? Was bedeute ich für dich, Mensch, persönlich?''

Jesus will unsere Stellungnahme. Alle sind gefragt, Christen und Nichtchristen, Gleichgültige und Engagierte. Reicht es aus, wenn ich mich für den guten Menschen aus Nazaret entscheide, der keinem etwas zuleide getan hat? Kann ich mich damit zufrieden geben, daß des Zimmermanns Sohn zum Vorbild wurde, wie man mit Armen und Verstoßenen umgehen soll? Von Vorbildern,

Wundertätern und Revolutionären ist die Geschichte ausgefüllt. Damit ist uns nicht sonderlich geholfen.

Ist Jesus aber der Sohn Gottes, wie Petrus es im Grenzort Caesarea Philippi bekannte, dann ist die Grenzlinie gegeben, die fortan die Menschen scheidet. Jesus der Christus ist dann nicht eine Gestalt aus vergangenen Zeiten. Er lebt fort und ist für jeden Tag Anfang und Ende. Mit der persönlichen Entscheidung, wer er für mich ist und was er für mich bedeutet, entscheidet sich über alle Sinnlosigkeit hinaus, welche Bestimmung mein Leben hat!

11. IN DER WÜSTE JUDA

oder: Was Menschen sich antun

„. . . ein Mann ging von Jerusalem nach Jericho und fiel unter die Räuber . . .“ Lk 10, 30

Es gibt eine Straße, die man vergebens auf Landkarten sucht, und dennoch kennen wir sie recht gut. Da gibt es einen Weg, den die wenigsten Menschen je gesehen haben, und doch sind sie in ihrer Phantasie dort oft gewandert. Es ist die Straße von Jerusalem nach Jericho. Jesus hat sie weltbekannt und berühmt gemacht. Wie oft haben wir uns das Gleichnis ausgemalt, in dem Jesus erzählt, wie es dem armen Teufel erging, den Räuber auf dieser Straße überfielen, windelweich schlugen, ausraubten und schließlich wie einen leeren Sack liegenließen.

Auch heute noch kann uns dieser Weg von den Hügeln Jerusalems abwärts in die Glutsenke des Toten Meeres das Fürchten lehren. Schlaglöcher und tiefe Rinnen haben den holprigen Weg durch das Wadi Kelt aufgerissen. Auf einer Länge von etwa 25 Kilometern fällt die alte Römerstraße 1000 Meter ab. Einzige Erinnerung an menschliche Spuren ist eine verrostete Tafel mit abgeblätterten Buchstaben, die anzeigt, daß wir die Meereshöhe erreicht haben. Und es geht immer weiter abwärts. Unerbittlich brennt die Sonne in schattenloser Einsamkeit. Selbst Nomaden mit ihren anspruchslosen Tieren meiden diesen trostlosen Ort, an dem das Auge weit und breit keinen grünen Futterfleck entdecken kann. Leergefegt von Menschen und Tieren ist die gelbe Einöde, die günstige Verstecke für Wegelagerer und Banditen bietet.

Alles in diesem Land spricht von Gott, und er spricht durch dieses Land. Auch der mühsame Weg durch die Wüste Juda erzählt, wer er ist und wie wir um seinetwillen zu anderen sein sollen. Schon 2000 Jahre lang ziehen Menschen in Gedanken auf der Straße von Jerusalem nach Jericho und lernen immer wieder neu, was Nächstenliebe ist!

★

2000 Jahre alt ist die Schilderung über den Vorfall. Und immer noch nennen wir denjenigen einen Samariter, der Alltagsgeschäfte oder sein Privatvergnügen unterbricht, um einem anderen Menschen zu helfen. Bei den Zuhörern Jesu löste die gute Tat im Wadi Kelt verständnisloses Staunen aus. Heute erginge es einem Hilfsbedürftigen sicher nicht anders, weil wir Menschen immer noch weit von der Selbstverständlichkeit entfernt sind, einem notleidenden Mitmenschen zu helfen.

Wüste Juda

Warum fällt es uns so schwer, die Weisung Jesu zu verwirklichen? Nicht nur faule Ausreden, sondern manchmal auch gewichtige Gründe führen wir ins Feld, wenn wir an der Not vorübergegangen sind. Stellen wir uns die Reaktion einer Gemeinde vor, die mehr als eine Stunde auf den Beginn des Gottesdienstes warten muß, weil der Pfarrer damit beschäftigt ist, einem einzelnen Menschen zu helfen. Fragt man nicht sofort, ob das nicht bis später Zeit gehabt hätte, ob das nicht jemand anderes hätte auch erledigen können? Die Einwände, daß mancher durch eigenes Verschulden und leichtfertiges Handeln in Not geraten ist, haben etwas für sich. Denn warum geht ein Mann mit so viel Geld in der Tasche allein durch diese verrufene Gegend beim Wadi Kelt? Jedermann wußte, was einem dort widerfahren konnte! Und obendrein erzählt Jesus von einer Begegnung von Menschen, die einander nicht gut leiden können. Samariter und Juden waren seit Generationen so zerstritten, daß sie nicht mehr miteinander verkehrten.

Nur selten treffen wir auf ,,sympathische'' Notleidende. Es sähe schon anders aus, wenn wir uns die Menschen aussuchen könnten, denen wir helfen wollen. Beifall für unser braves Verhalten würde die Entscheidung noch leichter machen. Es fällt auf, daß die Begegnung zwischen dem Handelsmann aus Samaria und dem verachteten Juden in der Wüste stattfindet: keine Zuschauer, niemand, der Beifall spendet, niemand, der anklagen wird. Zwischen zwei einander abgrundtief verfeindeten Menschen muß die Entscheidung fallen.

Die Aufforderung Jesu, einem Fremden zum Mitmenschen, zum Nächsten zu werden, sprengt den Rahmen des Üblichen. Der Samariter folgt augenblicklich der Regung seines Herzens und tut etwas Ungewöhnliches. Er löst sich von festgezurrten Normen, schiebt alle Vernunftgründe beiseite, die ihn hindern könnten, dem verhaßten Juden zu helfen.

Jesus will hier nicht nur das Wesen der Nächstenliebe erklären, sondern er will uns ermutigen, vorbehaltlos und unmittelbar die Rolle des Helfers zu übernehmen. Auf einem einsamen Wüstenpfad wurde das Leben zweier Menschen in der Begegnung, durch Hilfe und Sich-Helfen-Lassen, reicher: Nur so überwinden auch wir menschliche Verlassenheit.

12. JERICHO

oder: Warum ein Fest gefeiert wird

„ . . . Dann kam Jesus nach Jericho und ging durch die Stadt. Dort wohnte ein Mann namens Zachäus; er war der oberste Zollpächter und war sehr reich . . ." Lk 19, 1 ff.

Wenn man im Heiligen Land auf Spurensuche geht, muß man nur die Augen und das Herz offenhalten. Dann werden die bekannten Geschichten aus dem Religionsunterricht und der Predigt plötzlich Gegenwart.

Fast dreißig Kilometer windet sich die Straße von Jerusalem immer abwärts durch die Judäische Wüste nach Jericho. Gleich einer Fata Morgana breitet sich der grüne Teppich Jericho inmitten brauner, staubiger Umgebung aus. Die berühmte Palmenoase liegt in einem tiefen Erdbruch und ist mit fast 260 m unter dem Meeresspiegel die tiefstgelegene Stadt der Erde. Auch an Alter kann sich keine mit ihr messen.

Die Archäologen haben in Jericho, besonders durch die umfangreichen Grabungen am Tel es-Sultan, viele Fenster in die Vergangenheit geöffnet. Schon im 8. Jahrhundert vor Christus wurde die Stadt mit einer dicken Mauer umgeben. Der Ansturm der Landsuchenden aus der Wüste hörte nicht auf. Josua und seine Leute zählten dazu. Später haben Babylonier und Römer die strategisch wichtige Stadt belagert und geplündert.

Jericho war wohlhabend. Der fruchtbare Boden und eine starke Quelle erlauben den Anbau von Datteln und Bananen. Orangen und Trauben reifen in Fülle. In alter Zeit soll die Luft über der Oase sogar mit süßen Düften erfüllt gewesen sein.

Tropisches Klima ermöglichte das Anpflanzen und Verarbeiten von Gewürzen und Balsam. Die milde Winterwitterung lockte die Reichen aus Jerusalem und dem ganzen Land, ihr üppiges Wohlleben hier fortzusetzen. Kleopatra hatte die Oase von ihrem Liebhaber Mark Anton geschenkt bekommen und verpachtete sie dann an Herodes. Ruinen am Rand der Palmenoase erinnern an seine Baulust.

Später bekam er sie zum Dank von Oktavian geschenkt, der neuer Herrscher des römischen Reiches war. Noch zur Zeit Jesu sagten die Alten: ,,Jericho hat in ganz Palästina an Luxus nicht seinesgleichen."

★

Auf dem Weg zu den Grabungsstätten wächst in Jericho an der Straße ein riesiger Maulbeerbaum. Er hält die Erinnerung an einen Mann fest, der in einen solchen Maulbeerbaum kletterte, um Jesus zu sehen.

Die Rede ist von Zachäus, jenem kleingewachsenen Steuerpächter, dem es auch nicht mit Ellbogenarbeit gelungen war, sich durch die Reihen zu drängen, um ganz vorne zu stehen, als Jesus vorbeikommt. Aber der kleine Zachäus will den Nazarener sehen. Und er wird ihn sehen. Darum klettert er in den Baum. Er nimmt alles in Kauf: die dicken Äste, die unbequeme Lage, den verdreckten Anzug und vielleicht den Spott der Leute, wenn er runterfällt, weil sie das dem verhaßten Zöllner gönnen. Wäre er nicht in den Baum geklettert, hätte er dann die Worte Jesu gehört: ,,Zachäus, komm schnell herunter! Denn ich muß heute in deinem Haus zu Gast sein." ?

Zachäus hat das Heil handgreiflich vor sich. Er läßt sich nicht zweimal bitten, und begeistert erklärt er: ,,Und wenn ich jemand betrogen habe, so erstatte ich es vierfach!" Niemand hat das von dem alten Schlitzohr, das lange in die eigene Tasche gewirtschaftet hatte, gefordert. Aber entweder ist man begeistert, oder man ist es nicht; Einsicht über eigenes Fehlen ist bereits Ausdruck der Nähe Gottes. Ein Mann Gottes, der Wüstenforscher Charles de Foucauld, notiert in seinen Tagebüchern: ,,Wenn man Jesus gesehen hat, muß man auf einem anderen Weg heimgehen. Auf dem Weg der Bekehrung, und nicht auf dem Weg der Vergangenheit."

Zachäus beweist uns, daß Gottes Reich nicht für eine ausgesuchte Gesellschaft gedacht ist. Man darf aber den Umgang Jesu mit Sündern und Tagedieben nicht so auslegen, als verharmlose er die Sünde, oder so, als ob er das Böse als allzu menschlich billige. Ihm geht es darum, auch denen ein Tor zu eröffnen, die nach damaliger allgemeiner Überzeugung kein Recht hatten, sich zum Volk Gottes zu zählen.

Der Sünder Zachäus ist deswegen außer sich, weil Jesus ihn nicht verstößt, sondern annimmt. Er wirft seine Last ab und feiert das große Fest.

Der Blick Jesu trifft Zachäus, weil er sich diesem Blick aussetzte. Er versteckt sich nicht hinter den Sünden und Fehlern, in der Meinung, es müsse immer so weitergehen, weil sich zuviel angesammelt habe. Niemand kann sich so weit verlaufen, daß Gott ihn nicht findet, wenn er sich nur finden lassen will. Ein bedeutender Jude hat das so ausgedrückt: „Die große Schuld des Menschen besteht nicht in seinen Sünden, die er begeht. Seine große Schuld besteht darin, daß er in jedem Augenblick seines Lebens umkehren kann und diese Umkehr nicht tut!"

13. TOTES MEER

oder: Von der Kunst des Teilens

„. . . Dann sagte Jesus zu den Leuten: Gebt acht, hütet euch vor jeder Art von Habgier. Denn der Sinn des Lebens besteht nicht darin, daß ein Mensch aufgrund seines großen Vermögens im Überfluß lebt . . ." Lk 12, 15

Die Autofahrt von Jerusalem zum Toten Meer dauert nur eine halbe Stunde. Es geht immer bergab durch die gelbe Judäische Wüste, bis man schließlich 400 Meter unter dem Meeresspiegel vor den offenen Salzkammern der Erde steht. Verführerisch blau leuchtet das bittere Wasser in einer Landschaft, in der alles Leben ausgelöscht scheint. Eine Wildnis ohne Erbarmen erstreckt sich vom heißen Uferstreifen, dessen Boden Menschen und Tiere die Füße verbrennt, hinauf in die Wüstenschründe. Um die Mittagszeit überzieht ein bleierner, bleicher Dunstschleier die schattenlose Landschaft. Träge bleiben auf dem Wasser weiße Salzfiguren zurück. Kein Vogellaut ist zu hören.

Lange vor Christus hat sich die Neugier großer Denker mit dem Geheimnis des Toten Meeres beschäftigt. In der Salzwelt des Schweigens vermutete man den Eingang zur Unterwelt und nannte den See „Asphaltmeer". Und in der Bildersprache des Alten Testamentes malten die biblischen Erzähler die Katastrophe der untergegangenen Städte. Die Namen von Sodom und Gomorra sind bis heute Inbegriff von Verruchtheit und Sünde geblieben.

Das Rätsel des seltsamen Meeres im Grabenbruch der Erde ist gelöst. Der See wurde zum Toten Meer, weil er keinen Abfluß hat. Vom Jordan und anderen Gewässern werden mit dem Wasser viele Mineralstoffe herangeschwemmt. Aber der See gibt nichts ab. Nur die Sonne läßt das Wasser verdunsten. Das übrige behält er. Während der Jordan noch oberhalb der Mündung Sträuchern und Blumen das Wachsen ermöglicht, weil er sein Wasser verschenkt, verschlingt der See alle Pflanzenwelt. Weil er nichts abgibt, hat die Salzhölle Einzug gehalten, und die Landschaft des Todes umgibt ihn.

★

Was mit dem Toten Meer geschieht, könnte den Menschen zum Lehrbeispiel sein.

Nichts sollen wir mehr fürchten als ein unempfindliches Herz, von dem alles abprallt. Drastisch spricht die Bibel vom ,,verfetteten Herzen''. Wann merken wir, ob unser Herz satt und träge ist?

,,Mein Honig und mein Blütenstaub gehören mir'', sagte die Blume. Recht hatte sie. Und sie ließ keinen Schmetterling und keine Biene an sich heran. Dafür welkte sie vor sich hin und starb ohne Frucht und Samen. Eine nutzlose Blume, ein nutzloses Leben. Dabei wollen wir doch alle, daß aus unserem Leben etwas wird. Nicht ohne Grund wird den Empfängern des Hebräerbriefes vom Verfasser eingeschärft: ,,Vergeßt nicht, Gutes zu tun und mit anderen zu teilen.'' (Hebr. 13, 16). So gesehen, mutet das Urteil, das von einem farbigen Bischof der Dritten Welt auf einer Kirchenversammlung in Toulouse abgegeben wurde, fast biblisch an: ,,Sie haben großzügig gegeben, aber sie haben nur selten geteilt. Sie geben, ohne teilen zu können, weil sie ihre Gaben aus dem Überfluß nehmen, die oft überflüssig für die Armen sind.''

Christen müßten eigentlich als Erste lernen, was solidarisches Teilen bedeutet, denn Evangelium und Abendmahl sind Botschaft des gebrochenen Brotes. Zwar sagt der Volksmund: ,,Wer hat, der hat'', und das hört sich recht logisch und überzeugend an. Aber es ist kein Zitat aus der Bibel. ,,Teilenkönnen'' ist eine Art Visum, um ins Reich Gottes eintreten zu dürfen. In vielen Menschen steckt etwas von des Fischers Frau aus dem Märchen, die nie genug bekommen konnte. Von Blaise Pascal wissen wir, daß ,,der Eigenwille niemals befriedigt wird, wenn er auch alles hätte, was er sich wünscht. Man ist aber befriedigt, wenn man entsagen kann.''

Kann man überhaupt vergessen, Gutes zu tun? Kann man vergessen zu teilen? Man kann. Man vergißt um so schneller, je besser es einem geht.

Die Fähigkeit, teilen zu können, wird besonders rasch verloren, wenn man mit Menschen zusammenlebt, für die nur zählt, was sich lohnt, die es sich angewöhnt haben zu fragen: was bringt mir das ein, was habe ich davon, was kommt dabei für mich heraus?

Aus dem Lukasevangelium wissen wir, daß niemand dadurch lebt, daß er viel besitzt. Wer leben will, wer nicht gleich dem Toten Meer sterben will, muß hergeben, muß teilen. Wer teilt, wird beglückende Erfahrungen machen. Teilen durchbricht die Isolation zwischen Menschen, es befreit vom Zwang des Habens, es schafft Beziehungen und knüpft Kontakte. Teilen heilt Wunden und stiftet Versöhnung.

Ein Sprichwort aus Irland sagt: ,,Gott legt das Maßband nicht um unseren Kopf, sondern um unser Herz.''

14. CAESAREA AM MEER

oder: Was von der Feigheit zu halten ist

„ . . . Da entschied Pilatus, ihrer Forderung solle stattgegeben werden. . . . Jesus gab er ihrem Willen preis . . .“ Lk 23, 24 f.

In einer Stadt, die einst 50.000 Einwohner zählte, lebt heute kein Mensch mehr. Über den Kasernen, Kerkern und Bordellen ist Gras gewachsen. Unkraut nistet im Forum, und ein Erdbeben schlug das berühmte Theater in Trümmer. In seinen marmornen Zuschauerrängen strafte ein Engel des Herrn die Vermessenheit des Herodes Agrippa vor den Augen des Volkes. Caesarea, geplant für die Ewigkeit, sank ins sandige Nichts zurück.

In Caesarea hatten Archäologen im Herbst des Jahres 1956 unbeschreibliches Glück. Bei Ausgrabungen in der ehemaligen Hafenstadt legten sie einen Steinblock mit dem vollen Namen und der Amtsbezeichnung eines Mannes frei, der in der Weltgeschichte eine höchst anrüchige Rolle gespielt hat. Nachdem Staub und Dreck der Jahrhunderte weggebürstet waren, las man in großen Buchstaben: „ ..NTIUS PILATUS .....ECTUS IUDAE.. — Pontius Pilatus Präfectus von Judäa.“ Vor fast zweitausend Jahren hing diese Marmortafel vielleicht am Amtssitz des römischen Besatzungsgouverneurs. Endlich hatte man einen gesicherten Beweis für die historische Existenz jenes Mannes, an den das Glaubensbekenntnis der Christen immer wieder erinnert.

★

Wir wissen nicht, durch welche Heldentaten oder Mutproben sich der alte Haudegen Pontius Pilatus beim Militär hervorgetan hatte. Als es jedoch im Prozeß Jesu darauf ankam, Zivilcourage zu zeigen, da versagte er und wurde zum unentschlossenen Feigling. Er durchschaute zwar das Spiel, das mit Jesus von Nazaret getrieben wurde, und hätte eingreifen müssen. Aber er entzog sich der Verantwortung, wusch seine Hände in Unschuld nach dem Motto: „Unsere Hände haben das Blut nicht vergossen, so haben also auch unsere Augen es nicht gesehen.“ So rechtfertigte er sich.

Ehe wir aber über Pilatus den Stab brechen, müssen wir uns selbst fragen, ob am Ende ,,Zivilcourage'' auch für uns ein Fremdwort ist? Das kann man prüfen.

Nur selten werden wir in weltbewegende Ereignisse oder Entscheidungen verstrickt. Um so häufiger werden wir im Alltag erprobt. Wir werden beispielsweise Zeuge, wie mit einem Menschen Schindluder getrieben wird. Innerlich kochen wir vor Wut. Aber wir ergreifen nicht für ihn Partei. Und wer hat sich nicht schon einmal hinterher geärgert, weil er geschwiegen hat, als über Glaube und Gott hergezogen wurde? Feigheit ist daran zu erkennen, daß der Mensch sich anpaßt nach der Devise: ,,Nur nicht auffallen; nur keinen Ärger!''

Warum sich in anderer Leute Angelegenheiten einmischen? Lieber schweigen wir, wenn im Gespräch ein Mitmensch verurteilt wird, obschon wir genau wissen, daß die vorgebrachten Anschuldigungen nicht stimmen. Sich aus einer Sache heraushalten, erspart Scherereien.

Feigheit — das ist die Sünde ohne Gesicht.

Die Welt ist noch nie durch Leisetreter besser geworden. Alle wünschen eine menschlichere Gesellschaft. Es macht sich gut, sich auf die Seite der verletzten Gerechtigkeit zu stellen, wenn solche Vorfälle von der anderen Seite unseres Planeten gemeldet werden. Geschieht ähnliches im Betrieb, im Verein oder in der Kirche — dann halten wir es lieber mit den berüchtigten drei Affen, die sich Mund, Augen und Ohren zuhalten. Feigheit hält Menschen davon ab zu erkennen, was ist und dann zu tun, was notwendig wäre. Der Alltag beschert dem Menschen reichlich Pilatus-Situationen. Dann kneift er vor der richtigen Entscheidung und entschuldigt sich: ,,Der Klügere gibt nacht.'' Vielleicht ist darum so vieles in unserer Zeit heillos. Pilatus ist der Vorbote des modernen, anpassungssüchtigen Menschen. Keinem zu nahetreten, und niemandem zu widersprechen!

Christen müssen sich aber von Paulus das Wort ins Stammbuch schreiben lassen, das er einmal seinem Freund Timotheus einschärfte.: ,,Gott gab uns nicht den Geist der Feigheit, sondern den Geist der Kraft und der Besonnenheit.'' Wenn ich durch Berufung auf das Evangelium Unrecht verhindern kann, bin ich verpflichtet, es im Entstehen zu unterbinden. Wir dürfen zum Bösen nicht schweigen, auch wenn es schwerfällt zu sagen: ,,Nein, so nicht!''

Wer für das Recht und für das Gute den Mund auftut, kann sich als Zeuge der Gerechtigkeit durchaus den Mund verbrennen. Aber: selig, wer sich den Mund verbrennt um der Gerechtigkeit willen, denn er baut mit am Reiche Gottes, weil Jesus diejenigen preist, die Hunger und Durst haben nach der Gerechtigkeit. Wer sich in der Welt auskennt, wird bald ein Gespür dafür bekommen, daß es eine letzte Gerechtigkeit unter uns Menschen gar nicht gibt. Unser tiefer Hunger nach Recht und Gerechtigkeit wird deshalb im Ruf nach Gott gestillt.

Bisher einzige Erwähnung des Pilatus in einem archäologischen Fund; der Stein wurde 1956 im Theater von Caesarea entdeckt.

15. ÖLBERG

oder: Auf Spurensuche

„. . . Er führte sie aber hinaus nach Bethanien . . . und da er sie segnete, schied er von ihnen und fuhr auf gen Himmel." Lk 24, 50ff.

Vom Kamm des Ölberges bietet sich ein großartiger Ausblick auf die Altstadt von Jerusalem und über die judäische Wüste auf das Jordantal und die Berge Moabs. Schon zu Davids Zeiten gab es hier oben ein jüdisches Heiligtum. Als sich 70 n. Chr. die römischen Legionen zur Belagerung Jerusalems sammelten, marschierte die zehnte Legion den Hang des Ölberges hinauf und kampierte dort, wohin später Christen pilgerten, weil der Ölberg mit der Erinnerung an Jesus verbunden war.

Nach Berichten von Augenzeugen gab es um das 6. Jahrhundert 24 Kirchen und Kapellen auf dem Berg. Er war zudem von Klöstern umgeben, in denen zahllose Mönche und Nonnen lebten. Heute steht oben auf dem Gipfel des Ölberges eine kleine Moschee. Ursprünglich war sie ein Heiligtum der Kreuzfahrer, die diese Kapelle dort errichteten, wo Tradition die Himmelfahrt Jesu sucht. Die dekorativen Kapitelle erinnern noch an den Kunstsinn der Erbauer. Damals war der achteckige Bau zum Himmel hin geöffnet. Die islamischen Besitzer fügten ein Dach hinzu. Nur noch mit Kerzenlicht kann man heute im dämmrigen Raum auf dem Fußboden eine Felsplatte erkennen und darin Abdrücke, die mit einiger Phantasie als Fußstapfen gedeutet werden können. Der islamische Wärter macht jedesmal darauf aufmerksam und erklärt: „Das sind die Fußstapfen Jesu!" Den Theologen und den Archäologen bereitet das ziemliches Unbehagen, und mit vielen Besuchern lächeln sie skeptisch darüber.

★

Es hat viele Jahre gedauert, bis ich einen Zugang zu diesen sogenannten „Fußstapfen Jesu" gefunden habe: Jesus ist weggenommen, aber seine Spuren bleiben in der Welt. Anders freilich als die Spuren von Menschen am Strand oder in der Wüste, die verweht werden. Jetzt können Menschen in seine Fußstapfen treten. Keiner kann sein wie Jesus. Doch wer von seinem Wort betroffen, von seiner Person ergriffen ist, muß sich auf den Weg der Nachfolge machen.

Unser Problem liegt darin, daß wir sehr viel Phantasie und Aufmerksamkeit aufbringen müssen, um in einem Jahrhundert, in dem sich die Entwicklungen überschlagen und die Verwirrungen immer größer werden, die Fußstapfen Jesu überhaupt noch zu erkennen. Jesus hat keinen ins einzelne gehenden Weltverbesserungsvorschlag hinterlassen, wohl aber Spuren, die uns den Weg des Reiches Gottes weisen.

Himmelfahrtkapelle auf dem Ölberg

Gehen wir auf Spurensuche!

Einer der Fußstapfen heißt: ,, *Selig sind die Friedensstifter!*" Friede ist nie und nimmer etwas Zufälliges. Er muß gewollt werden. Er erfordert aktive Schritte. Und jedesmal, wenn irgendwo auf der Welt ein Mensch in seiner Familie, in seiner Partei oder in seinem Betrieb einen Schritt für den Frieden tut, tritt er in die Fußstapfen Jesu.

Ein anderer Fußstapfen heißt: *,,Werfet euer Vertrauen nicht weg."* Auch Vertrauen muß geschaffen werden. Und damit die zarte Pflanze des Vertrauens wachsen kann, muß man das Unkraut des Mißtrauens mit Stumpf und Stiel ausrotten, sowohl in der Kirche wie in der Gesellschaft. Vertrauen zeigt sich besonders deutlich in der Belastung. Man muß durchhalten, damit man nicht kleinlaut und enttäuscht aufgibt. Es kann notwendig werden, dieses Vertrauen bis zum Äußersten zu gewähren; einem Arbeitskollegen oder dem Nachbarn im Hochhaus. Nur so bleiben wir in der Spur Jesu.

Müßte ich ein Bild von der Himmelfahrt malen, ließ ich vom Gipfel des Ölberges unendlich viele Fußstapfen herunterlaufen, überall in unsere Welt.

Ein weiterer Schritt heißt: *,,Dienet einander."* Jesus hat diese Aufforderung bis zum Tod durchlebt. In jedem Menschen steckt der Trieb zur Macht. ,,Dienet einander" heißt: ,,Sei wachsam im Umgang mit der Macht und erkenne ihre Versuchung zum Mißbrauch." Es kommt darauf an, Macht umzuwandeln in Dienst, in Hingabe, in Zuwendung. Der Mann aus Nazaret wollte keine machtfreie, wohl aber eine herrschaftsfreie Kirche und Gesellschaft. In allen Ämtern und Posten, die wir bekleiden, ist neben der Versuchung zu herrschen, auch die Chance des Dienens und der Zuwendung gegeben.

Unter den vielen Fußspuren heißt eine: *,,Einheit"*. In den Augen Gottes ist die Menschheit eine Einheit, weil alle Menschen ohne Ausnahme Zielpunkt der Liebe Gottes sind. Mit künstlichen Gräben und Grenzen zwischen Rassen und Hautfarben, Ideologien und Gruppen zerstören wir diese Einheit. Wer das Schicksal der Menschheit nicht aus dem Auge verlieren will, muß zum Maßstab seines Tuns machen, daß auf dieser Erde kein Mensch geht, den Gott nicht lieb hat.

16. BETESDA

oder: Von der Kunst des Zuhörens

„ . . . In Jerusalem gibt es beim Schaftor einen Teich, zu dem fünf Säulenhallen gehören; dieser Teich heißt auf hebräisch Betesda. In diesen Hallen lagen viele Kranke, darunter Blinde, Lahme und Verkrüppelte . . ." Jo 5, 2 ff.

Als französische Mönche begannen, die bis zum Dach im Unrat steckende St. Anna Kirche zu säubern, interessierten sie sich auch für die Umgebung des Kleinods aus der Kreuzfahrerzeit. Einen Steinwurf vom Löwentor entfernt, entdeckten sie den Platz, von dem bis dahin die Spötter behaupteten, er existiere nur in der Phantasie des vierten Evangelisten. Jetzt brauchen wir nur ein paar Dutzend Steintreppen herunterzuklettern, und wir stehen in den Trümmern von Betesda. Es ist der von fünf Säulenhallen eingefaßte geheimnisvolle Teich, wo Jesus einen Mann heilte, der jahrelang vergebens auf Gesundung gehofft hatte.

Zur Zeit des Herrn befanden sich die verschiedenen Anlagen und ein Hospital innerhalb der nördlichen Stadtmauer. Heute liegen die beiden Teiche, vom Hohenpriester Simon gebaut, um die Wasserversorgung des Tempels zu sichern, fast zwölf Meter unter dem heutigen Niveau der Gassen und Häuser. Vielleicht wurden hier auch die Tiere gewaschen, ehe man sie als Opfer in den Tempel brachte. Herodes baute später neue Becken näher an das Heiligtum. Doch die Kranken kamen weiter zu den alten Teichen, deren Wasser heilende Wirkung zugeschrieben wurde.

Betesda oder auch Betzata könnte übersetzt lauten: „Haus der Barmherzigkeit". Wir kennen nicht das genaue Heilverfahren. Doch scheint es für die Kranken recht schwierig gewesen zu sein, im richtigen Augenblick ins Wasser zu steigen. Jesus trifft dort einen Krüppel, der schon 38 Jahre vergebens auf Heilung wartete, weil ihm niemand half. Nun blickt er Jesus an: „Herr, ich habe keinen Menschen!"

★

Keinen Menschen haben! In unserer Wohlstandsgesellschaft tritt die Bedrohung des Menschen in dieser neuen Gestalt auf: Mitten unter uns leben viele in völliger Vereinsamung. ,,Kein Mensch kennt den anderen; jeder ist allein'', klagt Hermann Hesse.

Die Sprache der ausgegrabenen Steine von Betesda ist deutlich. Damals war dieser Mann mitten unter allen Menschen allein. Wie viele Zeitgenossen an Einsamkeit leiden oder daran zugrunde gehen, erfaßt keine Statistik. Sie breitet sich aus wie eine mittelalterliche Seuche, obwohl Einsamkeit nicht zu den unheilbaren Krankheiten gehört. Johannes berichtet, wie der Mann am Schaftsteich geheilt wurde, weil er Jesus begegnete und nicht mehr allein war.

Unsere Zeit könnte besser sein, wenn wir wenigstens zuhören könnten! Die Kunst des Zuhörens ist der Wünschelrute vergleichbar: sie entdeckt beim Gegenüber unbekannte Quellen der Tiefe. Ein orientalisches Sprichwort sagt: ,,Gott gab dem Menschen einen Mund, aber zwei Ohren. Du sollst also doppelt so viel hören wie reden.'' Zuhören ist mehr als ein Geräusch im Ohr. Es ist das eigentliche Hinhören, das Hineinhören in den anderen Menschen. Wir können auch sagen: Zuhören ist eine Art von Nächstenliebe.

Vielleicht genügt nur ein einziger Mensch, der mich in diesem Sinne liebt, damit ich deutlicher weiß, wer ich bin. Viel Großes und viel Gutes wird oft deshalb nicht getan, weil ein Mensch nie zu spüren bekommt, daß andere es von ihm erwarten. Vieles in uns Menschen versinkt und verkümmert aber auch, weil kein anderer uns mit einem Wort der Ermunterung begegnet. Der Mann am Teich Betesda hatte Glück.

Er begegnete Jesus. Doch seine Nachfahren klagen weiter: ,,Ich habe keinen Menschen.'' Sie sind mitten unter uns, im Betrieb, im Büro, im Hochhaus, in der Verwandtschaft. In einem Buch ist der Brief des sechzehnjährigen Roger abgedruckt, der ausspricht, was Menschen brauchen: ,,Ein Gegenüber, das uns anhören kann. Ein Gegenüber, das Zeit für uns hat. Ein Gegenüber, das uns verstehen will. Ein Gegenüber, das uns ernst nimmt.'' Wir müssen die Wünschelrute des Zuhörenkönnens viel öfter gebrauchen. Am besten heute noch!

Teich Betesda und St. Anna-Kirche

17. COENACULUM

oder: Warum man sich nicht der Glaubensschwierigkeiten schämen muß

„. . . und sagt zu dem Herrn des Hauses: Der Meister läßt dich fragen: wo ist der Raum, in dem ich mit meinen Jüngern das Paschalamm essen kann? Und der Hausherr wird euch einen großen Raum im Obergeschoß zeigen . . .“ Lk 22, 11 ff.

Die Steinstufen der Außentreppe, die hinaufführt in das Coenaculum, sind gefährlich ausgetreten. Rund und gewölbt sind die Blöcke, über die sich viele Generationen lang die Pilgergruppen in den Raum des letzten Abendmahles drängten. Das rostige Geländer bewahrte sie vor dem Sturz in den Steinhof. Das „Obergemach“ der biblischen Berichte liegt inmitten eines verschachtelten und verwinkelten Häusergevierts außerhalb der Stadtmauern auf dem neuen Sionsberg.

Wusch Jesus wirklich unter den gotischen Gewölben, von denen der Putz abblättert und die von zwei Säulen getragen werden, seinen Tischgenossen die Füße? Der Saal und seine Umgebung machen einen verwahrlosten Eindruck. Kahl und karg ist der Raum, wohin die Tradition das Abendmahl verlegt und wo sie den Versammlungsraum vermutet, in dem der auferstandene Herr den Aposteln begegnete.

Der Heilige Epiphanias berichtet gegen Ende des 4. Jahrhunderts, daß der römische Kaiser Hadrian bei seiner Palästinareise die Stadt Jerusalem noch so verwüstet vorfand, wie sie von Titus hinterlassen worden war, „mit Ausnahme einiger Häuser und einer kleinen Kirche, die sich dort erhob, wo nach der Auferstehung und Himmelfahrt sich die Jünger versammelten.“ Die Kreuzfahrer fanden nur noch Trümmer vor. Auch ihr auf diesen Ruinen erbautes Gotteshaus verfiel und verödete. Später benutzte man den gesamten Komplex als Moschee. Lange Zeit unterlag der Besuch des ehemaligen christlichen Heiligtums großen Einschränkungen. Leider versagen Spaten und Meßlatte, um den Ort festzulegen, wo die Geschichte der Kirche begann und die Apostel mit ihren Glaubensschwierigkeiten fertig werden mußten. Die Überlieferung ist unzuverlässig. Sicher ist, daß von dem ,,Minbar'', der Predigtkanzel, die mitten im Saal steht, Moslems in ihrem Glauben bestärkt wurden. Stimmengewirr dringt aus der Thoraschule, die ein Stockwerk tiefer untergebracht ist. Junge Juden lernen hier, mit Glaubensfragen umzugehen. Warum sollten Christen sich an einem so denkwürdigen Platz nicht an den zweifelnden Apostel Thomas erinnern?

Jerusalem: Abendmahlssaal

Dieser Apostel Thomas wollte erst glauben, wenn er dem Auferstandenen die Hände in die Wundmale legen konnte. Er ist ein Mensch, der von Zweifeln nicht verschont bleibt, der Skeptiker, der vorher prüfen will, ehe er zustimmt, mißtrauisch gegen sich selbst und seine Umwelt. Er möchte glauben, aber er kann es nicht. Seine Glaubensschwierigkeiten sind kein Theaterspiel, sondern sie brechen aus der Mitte des Lebens heraus.

Zum Glauben gehören auch Glaubensschwierigkeiten. Können moderne Menschen deshalb Thomas besonders gut verstehen?

★

Natürlich ist es ein Unterschied, ob man glauben möchte, aber es nicht kann, oder ob ein Mensch überhaupt nicht glauben will. Wir tragen den Schatz des Glaubens in zerbrechlichen Gefäßen. Nur ganz selten, in guten Stunden, kommt das ,,Ja des Glaubens'' ungeteilt und ungebrochen über unsere Lippen. Viel häufiger tauchen Fragen auf. Der Verstand begreift nicht alles problemlos. Niemand braucht sich seiner Zweifel oder seiner Glaubensschwierigkeiten zu schämen. Menschen sind zeitlebens als Pilger unterwegs zur vollen Wahrheit. Jesus stößt den zweifelnden Thomas nicht vor den Kopf. Er begegnet seinen Einwänden und Zweifeln, um ihn dorthin zu führen, wohin er ihn haben will.

Fragen und Zweifel gleichen dem reinigenden Feuer. Sie können zur Vertiefung des Glaubens führen. Keinesfalls treibt der Zweifel geradewegs in die Verzweiflung, vielmehr können die Auseinandersetzung mit Glaubensfragen und die Suche nach Lösungen unseren Glauben aufrichten und stärken. Es kann nicht schlimm sein, Gott Einwände und Fragen vorzulegen. Schlimm allein ist, mit Gott nichts mehr zu tun haben zu wollen. Schlimm ist es, die Begegnung mit ihm zu verweigern und aufzuhören, ihn zu suchen. Der Weg des Menschen zum Glauben ist oft lang und führt über viele Umwege und Irrwege, besonders bei jungen Leuten.

Auch der Fragende und Zweifelnde hat es mit Gott zu tun. Vielleicht sogar intensiver und tiefer als ein oberflächlicher Jasager? Er will im Bereich des Glaubens ehrlich sein. Glaubenszweifel sind dann schlecht, wenn Menschen mit ihnen kokettieren, oder wenn aus ihnen faule Ausreden gemacht werden, um sich am Wagnis des Glaubens vorbeizudrücken. Das Jerusalemer „Obergemach" erinnert an Thomas, der aus der Anfechtung heraus zum ergriffenen Anbeter wird. Diese Verheißung gilt allen.

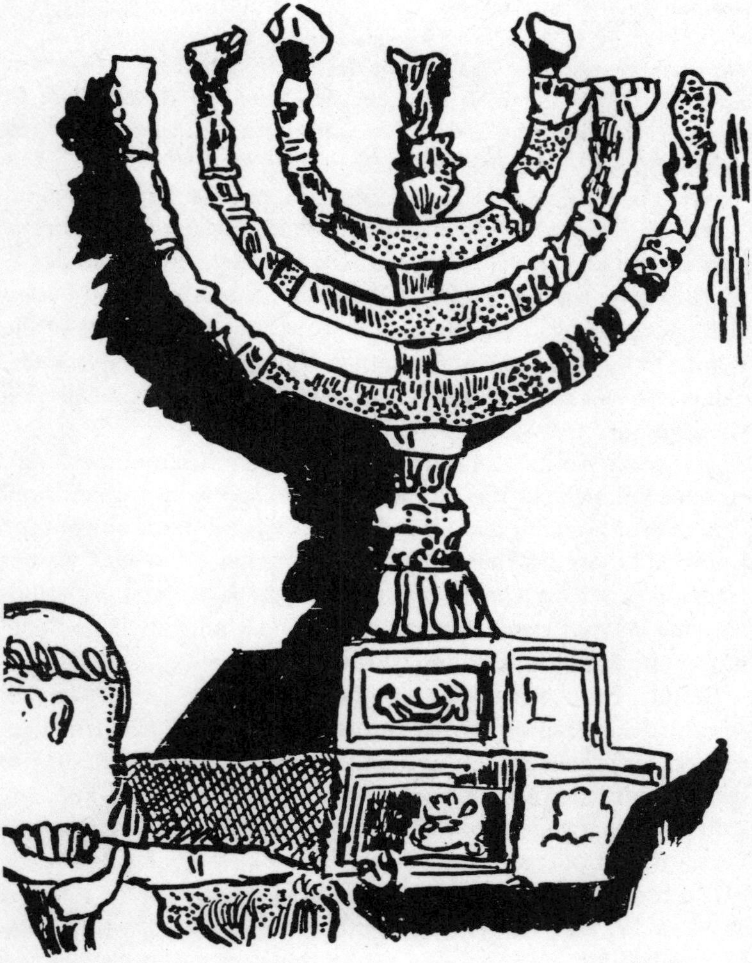

Der Leuchter aus dem Jerusalemer Tempel auf dem Titus-Bogen in Rom

18. DIE GRABESKIRCHE

oder: Von einem Gott, der den Menschen nahe sein will

„. . . Joseph von Arimathäa kaufte ein Leinentuch, nahm Jesus vom Kreuz, wickelte ihn in das Tuch und legte ihn in ein Grab, das in einen Felsen gehauen war . . .“ Mk 15, 46

Vor zwei berühmten Gräbern in der Welt stehen die Menschen lange an. Das eine Grab befindet sich auf dem Roten Platz in Moskau. Große Besucherscharen warten geduldig darauf, einen kurzen Blick auf die Leiche Lenins werfen zu dürfen.

Das andere Grab liegt in Jerusalem. Aber es ist leer. Mitten im Gewirr der Altstadt wölbt sich die große Kuppel der Grabeskirche über jenen Ort, wo sich das Grab Jesu befindet. Zu Beginn des 1. Jahrhunderts war der Platz, an dem sich heute Kirche und Läden aneinanderdrängen, ein nicht mehr benutzter Steinbruch. In die Wände hatte man Gräber geschnitten. Er lag außerhalb der Stadtmauer. So läßt sich ein Beitrag der Archäologie durchaus mit den Aussagen der Evangelien vereinbaren.

Als später Kaiser Konstantin die gewaltige Kirche bauen ließ, entschied er sich für diesen bautechnisch ungünstigen Platz, weil man darauf bestand, dies sei der Ort des Grabes Jesu, obwohl der Kaiser Hadrian die Spuren der Verehrung hatte einebnen lassen. In der Jerusalemer Gemeinde hatte sich die Überlieferung gehalten, daß bis zum ersten Aufstand gegen die Römer an dieser Stelle liturgische Feiern abgehalten wurden.

Brände, Erdbeben und Kriege haben im Laufe der Zeit an den verschiedenen Bauwerken der Grabeskirche großen Schaden angerichtet. Dazu ließ das Mißtrauen und die erbärmliche Besitzgier der verschiedenen Konfessionen das Heiligtum verfallen und verrotten. Seit einigen Jahren wird restauriert und repariert, aber die Eigentumsverhältnisse sind verzwickt und verworren geblieben.

Die eigentliche Grabkapelle stammt in ihren äußeren Formen aus dem 19. Jahrhundert. An bestimmten Festtagen wird es für Beter schwierig, im Lärm und Trubel Sammlung und Andacht zu finden.

★

Grabeskirche in Jerusalem

Jerusalem und das Grab Christi — das ist für Christen mehr als nur ein Punkt auf der Landkarte oder Pflichtpensum einer Besichtigungstour. Die wichtigste Aussage des christlichen Glaubens: ,,Jesus ist von den Toten auferstanden. Der Tod hat nicht das letzte Wort gehabt!'' ist hier im Koordinatenkreuz von Raum und Zeit festgeschrieben. Dabei kommt es nicht auf einen Meter nach rechts oder links an. Die Tatsache der Auferstehung Jesu ist der zentrale Punkt.

Menschen möchten gerne alles durchschauen. Auch die Auferstehung. Von einem so scharfsinnigen Denker wie Albert Einstein, der in Zahlen und Formeln zu Hause war, können auch Theologen noch lernen, wenn er schreibt: ,,Das Schönste, was wir Menschen erleben können, ist das Geheimnisvolle.'' Und die Auferweckung des am Kreuz gestorbenen Jesus ist das große Geheimnis Gottes. Ihm nähert man sich nicht mit Diskussionen, das Geheimnisvolle macht man sich durch Feiern zu eigen. Unsere Vorfahren wußten um diese Erfahrung, als sie in jeder Woche einen Tag von Arbeit freihielten, damit der Mensch Zeit habe, die Auferstehung Jesu zu feiern. Jeder Sonntag ist zutiefst immer Tag des Herrn. Die Wurzeln seiner Entstehung müssen freilich immer wieder freigelegt werden, damit sie nicht vom Wunsch nach Freizeit und Erholung völlig verschüttet werden.

,,Es ist dem Menschen viel notwendiger erinnert, als belehrt zu werden'', stellt Samuel Johnsen fest. Die Grabeskirche in Jerusalem und alle Sonntage, die in unseren Kalendern vermerkt sind, erinnern fortwährend daran, daß die Auferstehung Jesu Sicherheit dafür ist, daß Gott nicht vergeblich an einem Punkt der Geschichte einer von uns geworden ist. Dieser Gott läßt sich in Jesus von den Mächtigen beschmutzen, verhöhnen und kreuzigen. Dennoch hat er die Menschen nicht abgeschrieben. In der Auferstehung Jesu wird der durch die Sünde der Menschen aufgerissene Abstand zwischen Gott und uns geschlossen. Gott ist ein Gott, der Menschen nahe sein will. Er hält sich von ihnen nicht fern, trotz ihres Versagens und ihrer Fehler.

Ich sah einmal ein Kind, das seine Puppe fest an sich drückte. Es war eine ziemlich lädierte Puppe, eher ein Stückwerk mit Flecken und Flicken. Aber es nahm sie fest in die Arme und drückte sie an sich. Sie war ein Stück seines Lebens. So ähnlich ist es zwischen Gott und uns: er nimmt uns an; er hat uns lieb, auch wenn wir Kratzer und Schrammen abbekommen haben und erheblich hinter den ursprünglichen Erwartungen zurückgeblieben sind.

Die Rettungsbotschaft der Auferstehung gibt uns die unbändige Hoffnung und das Vertrauen, daß menschliches Leben Sinn und Zukunft hat, weil der Herr dorthin vorausgegangen ist, wozu wir eingeladen sind.

Jerusalem: Via Dolorosa

19. SINAI

oder: Wie man Wegweiser übersehen kann

„. . . Der Herr war auf den Sinai, auf den Gipfel des Berges, herabgestiegen. Er hatte Mose zu sich auf den Gipfel des Berges berufen, und Mose war hinaufgestiegen . . .“ Ex 19. 20

Jener staubige Wüstenpfad, der sich durch den Sinai zum Heiligen Berg, seinem geistigen Mittelpunkt, schlängelt, gehört zu den ältesten Pilgerstraßen der Welt. Schon 300 Jahre vor unserer Zeitrechnung kritzelten Nabatäer auf ihren Streifzügen Zeichen in die glatten Wände der Wadis. Vielleicht verehrten sie auf diesem Berg Mose, den sie zu einem Gott machten?

Auch Juden sind in den Sinai gepilgert. Als schließlich in byzantinischer Zeit in der Christenheit der Wunsch wuchs, am Berg der Gebote beten zu können, berichtete man überall im Abendland von diesem Wüstenpilgerweg. Jetzt kamen Christen in Scharen und hinterließen ihrerseits Namen und Kreuze, Zeichen und Erinnerungen im sonnengebleichten Stein. Unter ihnen war auch die Nonne Ätheria. Fleißig notierte sie in ihrem Reisetagebuch für ihren Konvent alles, was sie erlebte. So können wir heute noch nachlesen, wie im 4. Jahrhundert unbekümmert die Schauplätze biblischen Geschehens vom Tanzplatz um das Goldene Kalb bis hin zur Höhle des Elia lokalisiert wurden.

Die Formenfülle einer Mondlandschaft aus Granitbergen vermag den Menschen trunken zu machen. Unberührt von den Verheerungen der modernen Welt verleiht die einsame Größe dem Sinai seine faszinierende Schönheit. Die Farben wechseln: gold oder braun, malvenfarben, gar purpurviolett, ragt der Gipfel des Heiligen Berges fast 3.000 Meter hoch in die flirrende Hitze.

Irgendwann einmal hieß er „Tur-Sina“, Mondberg. „Sina“ oder „Sena“ ist aber auch der alte hebräische Name für den brennenden Dornbusch, aus dem Gott zu Mose sprach. Die Beduinen nennen ihn „Dschbel Musa“, Mosesberg, und sie denken dabei an das erregende Schauspiel der Übergabe der steinernen Tafeln mit den zehn Geboten am Berg Horeb.

★

Für Menschen von heute scheint das eher unverbindliche Erinnerung an den Religionsunterricht der Kinderzeit zu sein oder Drehbuch für einen Spektakelfilm. Dabei haben diese gewaltigen zehn Sätze, die der Mann Gottes mit hinabbrachte vom Berg zum Volk der Israeliten, in der Geschichte der Menschheit mehr Einfluß ausgeübt und tiefere Spuren hinterlassen als sämtliche Ideen der französischen Revolution und aller späteren Weltentwürfe zusammen. Unsere Welt hätte ein schlimmeres Aussehen, wäre es vor nun bald 3.000 Jahren nicht zu jenem Ereignis im Sinai gekommen, als der Schöpfergott deutlich seinen Willen, in die menschliche Geschichte hineinwirkend, zu erkennen gab!

Das Katharinenkloster am Sinai

Warum nur haben sich Menschen zu allen Zeiten ganz oder teilweise diesem Anspruch Gottes verschlossen? Läßt ihr Stolz eine Abhängigkeit von Gott nicht zu, oder sind sie grundsätzlich mißtrauisch gegenüber Befehlen von oben? Es ist bedauerlich, wenn das Geschehen am Sinai gedeutet wird, als würde ein unsichtbarer Tyrann den Lebens- und Spielraum der Menschen mit einer Mauer umgeben, die sogar das Privatleben einengt: ,,Du sollst nicht ehebrechen. Du sollst nicht lügen. Du sollst Vater und Mutter ehren.''

Seitdem ich weiß, wie Juden, die Nachfahren der biblischen Väter, in ihrer Sprache die Gebote nennen, ist mir klargeworden, daß dieses Zehnwort keineswegs auf willkürliche Begrenzung menschlicher Möglichkeiten abzielt. Im Hebräischen heißt es nicht ,,Zehn Gebote'', sondern ,,Thora'', übersetzt soviel wie Weisung. Weisung! Das ist es. Was Mose Israel und der Menschheit als Willen Gottes mitteilte, ist nicht Strafandrohung mit vielen Paragraphen. Es ist vielmehr die Weisung Gottes, wie man zu einem glücklichen Leben kommen kann. Und wer will nicht glücklich werden!

Israel sollte Vertrauen haben, ehe es sich an die Weisungen band; und deswegen befreite der Herr es zuerst aus der Knechtschaft Ägyptens. Dann gab er ihnen Weisungen. Weil Gott die Menschen liebt, verschweigt er nicht, wie ein rechtes Leben aussieht. Ohne solche Weisung geraten Menschen leicht auf den Holz- oder Irrweg. Als Autofahrer ärgere ich mich jedesmal, wenn in unbekannten Gegenden die Wegweiser unleserlich sind, oder wenn sie nachlässig aufgestellt wurden, daß man sie leicht übersieht.

Wegweiser zeigen zwar die Richtung an, aber sie zwingen niemanden, diese Richtung einzuschlagen. Der Heilswille Gottes für uns Menschen steht fest. Es steht aber auch fest, daß jeder Mensch die Freiheit hat, diesen Heilswillen Gottes zu bejahen oder abzulehnen. Die Weisungen Gottes gleichen der ausgestreckten Vaterhand, die uns vor dem Abgrund bewahren will. ,,Warum will denn mein Volk in den Abgrund rennen?'' (Jer 8, 5). Die Weisungen markieren den Weg ins Heil. Es läßt den erfahrenen Psalmisten beten: ,,Zeige mir, Herr, den Weg deiner Gebote, daß ich sie bewahre bis ins Ziel.'' (Ps. 119, 33).

20. SCHALOM

oder: Wieviel Frieden steckt in dir?

„. . . Selig, die Frieden stiften; denn sie werden Söhne Gottes genannt werden . . .“ Mt 5, 9

Wenn Menschen sich begegnen, wünschen sie sich einen guten Tag. Leider kommt das oft routiniert aus unserem Mund. Begrüßungen werden als feststehende Formeln gebraucht: Nur selten denken wir uns etwas dabei. So mancher wird im Laufe des Tages gefragt: „Wie geht es?“ Auf solche Weise gegrüßt, erinnert sich der Mensch daran, daß man sich mitunter mühsam durchs Leben schlagen muß. Aber will der Grüßende das so genau wissen?

Der Tagesgruß in Israel, dem biblischen Land, macht nachdenklich. In der hebräischen Sprache haben Juden die vertraute Gewohnheit der Väter lebendig werden lassen: morgens und abends, beim Einkaufen im Geschäft, am Telephon, wenn sich Bekannte treffen oder der Nachrichtensprecher im Radio das Neueste meldet, immer wieder heißt es: „Schalom — der Friede sei mit dir.“ Kein Wort lernt der Fremde so schnell wie „Schalom“. Im Bazar und in den Wechselstuben der Altstadt verweist das arabische „Salam“ auf die gemeinsame Sprachwurzel „Frieden“.

Jesus grüßte seine Freunde und Angehörigen ebenso. Nach der Auferstehung von den Toten tritt er in die Runde der Apostel: „Schalom — der Friede sei mit euch.“ Am vertrauten Gruß und am Tonfall sollen sie erkennen, daß er es ist und nicht irgendein Gespenst. „Schalom“ — das ist ein schöner Gruß. Er beruhigt. Er vermag, Spannungen zu lösen. Er macht der Freude Platz.

★

„Schalom — der Friede sei mit dir.“ In diesem Gruß steckt aber auch die Frage: „Wieviel Frieden lebt eigentlich in dir?“ In der Heiligen Schrift ist Frieden ein umfassender Begriff. Er meint auch Heil, Glück, Versöhnung und Gnade. Im Buch der Richter heißt es sogar: „Friede ist der Name Gottes", und im Epheserbrief betont Paulus: „Jesus Christus ist unser Friede." Der Frieden hängt also mit Gott zusammen.

In unserer Zeit ist das Verlangen der Völker nach Frieden, nach seiner Erhaltung und Sicherung, besonders spürbar. Wie wird man dieser Friedenssehnsucht am ehesten gerecht?

Der russische Schriftsteller Marschak beobachtete einmal Kinder beim Spiel. „Was spielt ihr?" wollte er von ihnen wissen. „Wir spielen Krieg." Darauf sagte Marschak: „Aber wie kann man nur Krieg spielen. Ihr wißt doch, wie schlimm der Krieg ist. Ihr solltet lieber Frieden spielen." „Das ist eine feine Idee", riefen die Kinder, „ein neues Spiel." Dann folgte Schweigen, und danach begann eine Beratung. Sie tuschelten untereinander, und wieder Schweigen. Schließlich trat ein Kind vor und fragte: „Großväterchen, wie spielt man eigentlich Frieden?"

Ja, wie spielt man eigentlich Frieden? Benötigen nicht Erwachsene wie Kinder gleichermaßen Anleitung, um sich in diesem Spiel auf Leben und Tod richtig zu verhalten? Das Evangelium und insbesondere die Bergpredigt sind keine Rezeptbücher für den politischen Alltag. Aber sie sind ein kraftvoller und unerbittlicher Maßtstab für das Handeln einzelner Menschen. Die Formulierung Jesu ist unmißverständlich: „Selig, die Frieden stiften, denn sie werden Söhne Gottes genannt werden." Wer mit der Übersetzung Schindluder treibt, ändert diesen Text „Selig sind die Pazifisten." Nein, die Bergpredigt überprüft die Wahrhaftigkeit der Gesinnung und der Tat.

„Schalom" — wieviel Frieden ist in dir? Nach biblischem Maßstab beginnt die Friedensarbeit im eigenen Herzen. „All das Grauen dieser Welt ist nur ein Spiegelbild unseres unversöhnten und friedlosen Herzens", notierte der Dichter Reinhold Schneider am Ende des Krieges. Der Friede ist kein Naturereignis, das blind über uns hereinbricht. Der Friede muß gewollt und erarbeitet werden.

„Schalom — Frieden!", nur ein frommer Wunsch? Müssen wir auf seine Erfüllung ebenso lustlos warten wie auf die der Geburtstags- und Festtagswünsche? Wenn die nicht eintreten, sind wir nicht sonderlich enttäuscht; wir hatten nicht viel von ihnen erhofft.

Siebenarmiger Leuchter im Bodenmosaik der spätantiken Synagoge von Jericho, das wahrscheinlich aus dem 6. Jh. datiert. Die Inschrift ist aramäisch und bedeutet „Friede über Israel".

Am Frieden aber kann jeder bauen, jeden Tag. Überall, wo Menschen Verantwortung tragen. Im Büro, in der Gewerkschaft, in der Partei, in den Gemeinden und in der Familie können sie Verbündete Gottes werden, wenn sie Schritte zum Frieden tun, wenn von ihnen wie in einem Stafettenlauf Vertrauen weitergereicht wird, wenn aufgehört wird, das Gedächtnis damit zu strapazieren, in ihm all das aufzustapeln, was für den Tag der Abrechnung gebraucht wird. Wer für den Frieden etwas tut, stellt das Paradies wieder her. Das erfordert oft mehr Mut und Selbstüberwindung, als Parolen an die Wände zu sprühen oder Transparente durch die Straßen zu tragen. ,,Versöhnung ist die beste Münze im Haus'', sagt das Sprichwort.

Der Urgrund allen Friedens ist die Versöhnung mit Gott: mit der Sünde brechen, die böse Gesinnung ändern, zum Vater heimkehren. Dann wächst der Friede in uns selbst, der uns befähigt, mit anderen Frieden zu halten.

,,Schalom'' — wieviel Frieden steckt in dir?

Thomas von Kempen

Christus Tag für Tag

Gedanken zur Nachfolge Christi

72 Seiten

,,Ich bin das Licht der Welt. Wer mir nachfolgt, der wird nicht wandeln in der Finsternis, sondern wird das Licht des Lebens haben.'' Dieses Bibelwort aus dem Johannesevangelium hat das Leben des Augustinermönchs Thomas von Kempen wesentlich beeinflußt. Unter dem Titel ,,Von der Nachfolge Christi'' schrieb er zu Beginn des 15. Jahrhunderts geistliche Lebensregeln für Mönche nieder, die schnell über die Klostermauern hinausdrangen und später in der Christenheit neben der Bibel zu einem der verbreitetsten Bücher wurde. Seine ausgeprägte Frömmigkeit weist in seinem Werk eindeutig auf die Mitte unseres christlichen Glaubens hin: Jesus Christus. Die einzelnen Kapitel, damals für Mönche geschrieben, beweisen auch heute unverändert Gültigkeit für den modernen Menschen. Die klare und deutliche Sprache und das besondere Eingehen auf menschliche Schwächen machen diese Arbeit deshalb zu einer wertvollen Lebens- und Glaubenshilfe.

Otto Knoch/Ursula von Mangoldt (Hrsg.)

Ein Wort verwandelte mein Leben

Erfahrungen mit dem Neuen Testament

16 Zeugnisse von Zeitgenossen

192 Seiten

Evangelische, katholische und orthodoxe Christen unterschiedlicher Lebenssituationen und Berufe bezeugen auf ehrliche, persönliche Weise Erfahrungen mit Gott und seinem Wort. In unserer Zeit der Sinnvergessenheit ist ein Bekenntnis notwendiger — und für viele glaubwürdiger — als eine religiöse, abgesicherte Abhandlung. Den Aufruf zu Umkehr, Gottesbegegnung, erlebte jeder Autor auf seine persönliche Art — in einem Prozeß der Entwicklung und Reife oder aber auch in einem plötzlichen Einbruch, der in einer bestimmten Situation sein Leben veränderte. Die Texte sind nicht geglättet, deshalb vielleicht auch anstößig, wie unmittelbare Zeugnisse geistlicher Betroffenheit und heilsamer Erschütterung nur sein können. Zu dem breiten Spektrum geistlicher Lebenserfahrung tragen u. a. bei: Otto Betz, Horst-Klaus Hofmann, Alla Selawry, Heinrich Spaemann, Kyrilla Spieker, Emil Wachter.